Comprendre Plotin

Thibaut Gress - Sébastien Barbara

Comprendre Plotin

Max Milo
COMPRENDRE/ESSAI GRAPHIQUE

Sommaire

Introduction : Plotin ou la vie exemplaire d'une âme

Aperçus biographiques et historiques

On sait peu de choses de la vie de Plotin. La plupart de nos connaissances à son sujet proviennent de la biographie que Porphyre de Tyr (234-310) consacra à son maître, ouvrage intitulé *Vie de Plotin*[1] et qu'il rédigea entre 300 et 301 en introduction à son édition des *Ennéades* qui sont le nom des écrits de Plotin assemblés par Porphyre. La pauvreté de nos informations au sujet de la vie de Plotin peut s'expliquer par le contexte

---

1. Nous nous référerons systématiquement à l'édition des *Traités* de Plotin publiée sous la direction de Luc Brisson et Jean François Pradeau chez Garnier-Flammarion, de 2002 à 2010. La traduction de *la Vie de Plotin* rédigée par Porphyre figure en appendice des *Traités 51-54*, Paris, GF, 2010, p. 259-316.

de l'époque, mais aussi par la philosophie propre de celui-ci ; la singularité ne constitue pas la fin d'une vie et, à cet égard, l'enjeu de la philosophie consiste bien plutôt à retrouver le sens universel de la réalité plutôt qu'à se perdre dans les détails du particulier. Si donc une vie présente quelque intérêt, c'est en un sens très précis qui n'est aucunement celui que promeut l'individualisme accréditant l'idée que chaque vie serait par elle-même intéressante du fait même qu'elle est vécue ; là contre, si cela a du sens d'évoquer la vie de Plotin, c'est uniquement parce que *la vie du philosophe doit être exemplaire ; elle n'est pas saisie dans sa chronologie, ni dans ses actes ou épisodes, mais par l'exemple qu'elle donne.* La vie du philosophe n'est pas de l'ordre de ce que l'on appelait jadis une « chronique » ; c'est un exemple à suivre faisant l'objet d'une présentation qualitative par lequel il donne à voir et, partant, indique le comportement le plus digne – ce en quoi la seule vertu d'une biographie se révèle de nature *éthique*.

En outre, le philosophe est caractérisé par sa séparation d'avec le monde normal des hommes, il a une singularité *en tant que philosophe* et non *en tant qu'individu*, ce que résume fort bien Jean-François Pradeau dans une remarquable introduction à la philosophie de Plotin : « le philosophe, comme un dieu parmi les hommes, est celui dont on rappelle quelques gestes admirables, sinon miraculeux[2]. »

Selon toute vraisemblance, Plotin naît en 205, à Lycopolis (Haute-Égypte), ville qui relève alors de l'Empire romain et où la culture grecque est vivante, probablement au sein d'une famille de hauts fonctionnaires romains. À cet égard, la culture de Plotin est complexe car, en tant qu'Égyptien, donc en tant que citoyen oriental de l'Empire romain, il devait parler grec, langue également pratiquée par l'élite de l'Empire. Plotin est donc hellénophone à double titre : il fait partie de ceux qui, ayant reçu une bonne éducation et qui, venant d'Orient, se considèrent comme Grecs de langue et de culture. Néanmoins, Porphyre signale

---

2. Jean-François Pradeau, *Plotin*, Paris, Cerf, 2019, p. 15.

un usage assez approximatif de la langue grecque aussi bien à l'oral qu'à l'écrit[3].

À 28 ans, Plotin part étudier la philosophie à Alexandrie, auprès du platonicien Ammonios Saccas connu sous le nom d'Ammonius, un guide spirituel d'origine chrétienne (peut-être apostat) dont l'enseignement est purement oral et ne laisse aucun écrit ; on ne sait pratiquement rien d'Ammonius, mais on sait tout de même qu'il ouvrit une école à Alexandrie, fréquentée par Origène[4] ; Plotin assista aux cours de 232 à 242, cours dont la règle était de ne rien dire de ce qui y était enseigné ; c'était assurément une formation de nature ésotérique permettant de s'élever spirituellement selon des règles très exigeantes au sujet desquelles serment

---

3. « [...] il faisait des fautes en parlant [...], et il prononçait d'autres mots avec des fautes qui se retrouvaient dans ses écrits », Porphyre, *Vie de Plotin*, 13, 3-5, *op. cit.*, p. 292.
4. Cf. sur ce sujet : Jean-Michel Charrue, « Ammonius et Plotin », in *Revue philosophique de Louvain*, quatrième série, tome 102, n° 1, 2004, pp. 72-103 et Richard Goulet, *Porphyre, Ammonius, les deux Origène et les autres*, in *Revue d'histoire et de philosophie religieuses*, 57e année, n° 4, 1977, pp. 471-496.

était fait de ne rien dire : mais Plotin finit par rompre le serment, ce qui suscita certains remous.

À 39 ans, en 244, son intérêt pour les philosophies orientales – c'est-à-dire perses – et indiennes[5] le poussa à rejoindre l'armée de Gordien III, empereur romain (238-244) qui marchait contre la Perse. La défaite de cette armée et la mort de Gordien, tué en 244, contraignirent Plotin à se réfugier pour un temps dans la ville d'Antioche (actuelle Turquie) – opération qui n'alla pas sans difficulté.

Plotin gagna ensuite Rome, alors sous le règne de l'empereur Philippe l'Arabe (244-249), et il y réunit quelques disciples dans une école philosophique qui recevra, à l'époque moderne, le nom d'école néoplatonicienne de Rome. Ce lieu, contrairement aux idées reçues,

---

5. On consultera sur ce sujet et avec profit les articles suivants : Olivier Lacombe, « Note sur Plotin et la pensée indienne » in *École pratique des hautes études, Section des sciences religieuses*, Annuaire 1950-1951, 1949, pp. 3-17 et Joachim Lacrosse, « Plotin, Porphyre et l'Inde : un ré-examen », *Le Philosophoire*, vol. 41, no 1, 2014, pp. 87-104.

peut surprendre. En effet Rome n'est pas un haut lieu de la philosophie à l'époque, car celle-ci se distribuait bien plus volontiers entre Alexandrie et Athènes. Ce sont donc la cour impériale et le Sénat qui conduisirent Plotin à Rome, motifs relevant davantage du pouvoir que de l'institution philosophique comme telle. On constate également – nous y reviendrons – que le rôle des femmes est déjà important en ceci qu'elles jouent à bien des égards le rôle que joueront les salonnières parisiennes du Grand Siècle et des Lumières : Plotin rencontre ainsi Salonine, impératrice éclairée (254-268) et épouse de Gallien, ainsi que l'aristocrate Gémina qui sera l'épouse du futur empereur Trébonien. C'est par la protection des femmes que Plotin peut de ce fait établir son école à Rome. Il en découle que ce dernier n'est pas un ermite, mais un homme de cour ; Porphyre, dans son récit, contredit l'image du philosophe isolé, du sage reclus et en retrait du monde ; Plotin est pratiquement un courtisan et semble avoir pris conscience de l'utilité de fréquenter le pouvoir.

Par ailleurs, il convient d'apporter une précision quant à la notion d'école, terme trompeur s'il en est ;

une école n'est pas une école de pensée, n'est pas non plus quelque chose à prendre au sens de « faire école » avec l'idée d'une doctrine claire partagée par tous les membres ; une « école » de ce temps a quelque chose de mondain, là aussi comme les salons modernes : ce sont des réunions informelles, irrégulières, de gens instruits, qui cherchent essentiellement à progresser sur le plan éthique. Il faut donc clairement distinguer ce qui relèverait par exemple d'un enseignement à teneur ésotérique – et pour le coup en partie doctrinal – comme pouvait l'être celui d'Ammonius, des « écoles », s'apparentant davantage à des cercles plus ou moins ouverts, et socialement assez mondains.

Ces précisions permettent de déterminer le sens général de la philosophie de Plotin : celle-ci ne se laisse réduire ni aux traités ni même à l'enseignement qui n'est pas suffisamment doctrinal ; elle est bien plutôt un *mode de vie*, une sorte de propédeutique de nature éthique. Le maître est un modèle, dont l'existence autant que les éléments de doctrine – et non la systématicité – doivent édifier ; Porphyre écrit pour mettre en valeur cette dimension de Plotin, et illustre chaque fois qu'il le juge nécessaire l'exemple que donne à voir Plotin : « Quand il parlait, c'est l'intellect qui se manifestait jusque sur son visage qu'il éclairait de sa lumière[6]. »

Ce détail n'en est pas un : il permet de comprendre qu'il n'y a de philosophie que s'il y a dépassement de soi et que si la pratique de la pensée permet *de devenir plus que soi-même* ou, plus exactement, *de devenir plus qu'un individu engoncé dans sa particularité*. La philosophie n'a donc de sens que pratique, que comme « manière de vivre[7] » et ses effets doivent être visibles sur le philosophe qui, pour cette raison, devient exemplaire. De ce fait, celui-ci s'éloigne de son individualité en tant que particularité et là est la raison pour laquelle Plotin refusait qu'on dessinât son portrait, qu'on fêtât son anniversaire, qu'on célébrât en somme son individualité. Seule importe la « conversion », c'est-à-dire

---

6. Porphyre, Vie de Plotin, 13, 5-7, op. cit., p. 292.
7. Nous faisons référence au célèbre ouvrage d'entretiens de Pierre Hadot, *La philosophie comme manière de vivre*, Paris, LGF, 2003.

étymologiquement le retournement par lequel l'on se détourne du particulier et de la matière pour s'orienter vers l'essentiel, à savoir l'universel et l'immuable. En termes plus simples, nous pourrions dire que la conversion – *epistrophê* en grec – constitue l'exigence fondamentale par laquelle l'on *se détourne du réel pour retrouver la réalité*, c'est-à-dire par laquelle l'on se détourne de la multiplicité matérielle pour retrouver la structure fondamentale de cette multiplicité.

À partir de 254, Plotin accepte de rédiger des textes tirés de ses leçons, que Porphyre regroupera sous le titre des *Ennéades*. Les leçons portaient sur une difficulté identifiée dans les dialogues de Platon et on se demandait comment les Anciens en traitaient. Les *Traités* que nous lisons ont donc les cours pour origine et sont des formes de retranscriptions dictées par Plotin. Mais, comme cela fut précédemment mentionné, les cours ne formaient pas une doctrine unique et systématique qu'il s'agissait de diffuser avec ordre ; l'école plotinienne était bien davantage un cercle mondain de discussion, et les traités eux-mêmes vont en être l'expression : désordonnés, de taille différente, n'évitant pas les redites, ils traduisent le caractère vivant des discussions davantage qu'un système fermé. Porphyre lui-même reconnaît que les premiers traités sont d'ailleurs plus faibles que les derniers : « [...] les vingt et un premiers ont une qualité moins affirmée et n'ont point encore atteint une ampleur suffisante pour ce qui est de la vigueur de la pensée[8]. »

Parmi ses auditeurs, en raison du côté peu structuré et non scolastique des cours, se trouvait une vaste hétérogénéité de profils : des chrétiens, des chrétiens gnostiques, des séthiens (courant gnostique inspiré par le troisième fils d'Adam et Ève, Seth), etc. Cette diversité doit appeler immédiatement trois précisions.

La première porte sur la question du christianisme et impose de rappeler que, à l'époque, *les dogmes chrétiens ne sont nullement fixés*. Le concile de Nicée, qui déterminera les objets précis de la foi chrétienne, n'a lieu qu'en 325 ; donc, à l'époque où enseigne Plotin, quelque

---

8. Porphyre, *Vie de Plotin*, 6, 31-32, *op. cit.*, p. 286.

chose d'aussi fondamental pour la foi que le *credo* n'est pas en vigueur et, de ce fait, le christianisme est pensé comme une secte, plus ou moins philosophique, dont le contenu est moins d'ordre doctrinal que d'ordre éthique ; autrement dit, *il s'agit moins d'avoir la foi en ceci ou cela que de méditer la dimension exemplaire de la vie de Jésus.* En somme, dans les années 250-270, on est très loin des conciles de Nicée, puis de Constantinople en 381 qui statuera sur le Saint-Esprit et sa consubstantialité avec le Père. Et encore plus loin de celui de Chalcédoine en 451 qui fixera la double nature du Christ, ce qui n'ira pas sans troubles. La seconde précision concerne la notion de « gnose », notion fondamentale de l'Antiquité, et enjeu majeur de la philosophie autant que de la théologie. Venant du grec *gnôsis*, signifiant « connaissance », la gnose a deux versants, un universel qui en détermine les fondamentaux, et un plus particulier, qui désigne un courant contemporain de Plotin. Les principes universels de la gnose[9], quelle qu'en soit l'époque, peuvent être

---

9. On peut consulter sur ce sujet l'excellent volume collectif dirigé par Nathalie Depraz et Jean-François Marquet, *La gnose, une question philosophique*, Paris, Cerf, 2000.

énoncés ainsi : 1) la gnose est d'abord un sentiment par lequel *l'homme se sent étranger au monde* ; le monde n'est pas *son* monde, il ne s'y sent pas chez lui et, à cet égard, un texte comme celui du *Phèdre* de Platon, où le mythe évoque la perte des ailes de l'âme pour rendre compte de la condition humaine[10], exprime parfaitement le sentiment gnostique d'être déchu et de se retrouver dans un monde à l'égard duquel on nourrit un sentiment d'étrangeté. Même les premiers chrétiens[11], dont il faut rappeler encore une fois qu'ils n'ont pas de dogmes fixés auxquels adhérer, n'hésitent pas à associer les évangiles à une certaine gnose ; ainsi en va-t-il des chapitres 15 et 17 de l'Évangile de Jean, où se retrouve répétée, de nombreuses fois, l'affirmation selon laquelle les disciples sont certes « au monde », mais pas « du monde[12] ».

---

10. Cf. Platon, Phèdre, 246b-c.

11. Un auteur aussi complexe que Clément d'Alexandrie (150-215) ne saurait par exemple être placé en dehors de la gnose au sens général du terme : les *Stromates* développent la « vraie gnose », et célèbre Platon qui s'est approché de la Vérité ultime.

12. L'ouvrage désormais classique de Simone Pétrement, Le Dieu caché, insiste longuement sur le fait que le quatrième évangile – celui attribué à Jean en règle générale et que l'auteur attribue à Apollos – constitue le fondement possible quoique

2) La gnose est une *gnôsis*, donc une connaissance, au sens où celle-ci semble procurer le salut. Cela implique que le salut ne soit pas tant lié à la mort qu'à la connaissance de la nature profonde du réel – la *réalité* – et donc que *la sotériologie soit corrélée à une noétique*, autrement dit que la science du salut soit d'abord une science de ce qu'il y a à savoir. Plus encore, cela implique que le salut peut *intervenir ici et maintenant*, au sens où il n'est pas question d'attendre la mort pour connaître ce qui sauve et, partant, que *les conditions du salut sont immanentes en tant qu'enfouies au plus profond de notre être*. De ce fait, *la gnose attribue à l'Intellect un rôle considérable puisque la connaissance au sens fort du terme est l'opérateur même du salut* et que celui-ci peut être obtenu par une démarche noétique découvrant en soi les éléments sotériologiques nécessaires. En ces deux sens-là, le platonisme tout comme le néoplatonisme

---

non explicite de la pensée gnostique. Cf. Simone Pétrement, Le Dieu séparé. Les origines du gnosticisme, Paris, Cerf, 1984, en particulier le chap. 5 de la seconde partie.

sont des pensées gnostiques[13]. Mais encore faut-il *ne pas confondre gnose et gnosticisme*[14]. Celui-ci est un courant des IIe et IIIe siècles de l'Empire romain[15], courant issu certes de la gnose, mais très particulier

---

13. Grand spécialiste de la gnose, Henri-Charles Puech (1902-1986) nous semble avoir parfaitement restitué la portée gnostique de la pensée plotinienne par conversion intérieure et découverte immanente des conditions du salut : « Cette intériorité a une importance capitale pour la pensée de Plotin : elle lui permet de développer une *mystique de l'immanence* dans les cadres d'une *métaphysique de la transcendance* », Henri-Charles Puech, « Position spirituelle et signification de Plotin », [1938], *in* Henri-Charles Puech, *En quête de la gnose*, tome I, *La gnose et le temps*, Paris, Gallimard, 1978, p. 69.

14. En cela, nous suivons les indications à nos yeux incontestables d'Antoine Faivre développées dans *Accès de l'ésotérisme occidental*, tome I, Paris, Gallimard, 1996, notamment le chapitre intitulé « Sources antiques et médiévales des courants ésotériques modernes ».

15. Concernant l'aspect philosophique du gnosticisme, on ne peut que renvoyer aux études de Hans Jonas, notamment en français *La religion gnostique. Le message du Dieu étranger et les débuts du christianisme*, traduction Louis Evrard, Paris, Flammarion, 1978, ainsi qu'à la petite introduction de *La gnose et l'esprit de l'Antiquité tardive*, traduction Nathalie Frogneux, Mimésis, 2019. On peut également se rapporter aux travaux d'Éric Voegelin pour la portée politique de la gnose, notamment *Sciences, politique et gnose*, Paris, Bayard, 2004.

que l'on ne connaît que sous la forme indirecte des réfutations qui lui furent adressées. Sans doute conçu en réaction à un concept relativement récent – et particulièrement étrange – qu'est celui de création, le gnosticisme chercha moins à refuser la notion de création qu'à la rendre compatible avec le sentiment de déchéance mondaine. Afin de comprendre les enjeux de ce courant, encore faut-il se rappeler que la notion de création, prise en son sens radical de création *ex nihilo* – à partir du néant – est totalement étrangère aux Grecs ainsi qu'aux Romains, qui ne peuvent concevoir que l'on puisse passer du néant à l'être ; ainsi, de toutes les notions qui feront le cœur de la dogmatique chrétienne, celle de création *ex nihilo* est sans doute la plus déroutante au regard de la raison en général, mais aussi de la réception que l'époque lui adressa. C'est pourquoi le gnosticisme semble être une réponse, de nature gnostique, à l'émergence de cette idée que le monde aurait été créé par une puissance transcendante, et non simplement *configuré* ou *ordonné* par un Architecte. En effet, compte tenu de l'évidente souffrance que suppose le monde par sa dimension matérielle, il paraît extrêmement difficile de considérer qu'un Dieu juste – sinon bon – serait lui-même le créateur d'une telle situation. Par conséquent apparaît une alternative : soit l'on renonce à ce concept si déstabilisant de création, soit on le maintient, mais alors on ne peut pas juger qu'un Dieu juste soit l'auteur du monde matériel. La seconde option signe le cœur du gnosticisme, qui provient évidemment du sentiment d'étrangeté du monde, et qui le corrèle donc à la nécessité qu'un Dieu injuste ou mauvais ait créé le monde matériel. Selon cette perspective, le corps matériel est diabolisé, il est conçu comme l'œuvre du Malin, du Démiurge, voire de Yahvé assimilé au Malin (version de Marcion), alors que l'esprit, lui, est ce qui nous apparente au Dieu bon, qui se manifeste à l'homme par l'esprit. Les figures centrales sont Simon le Mage (mort en 65), Valentin (mort en 160), Marcion (85-160), Basilide (mort en 140), chacun donnant lieu à un courant du gnosticisme avec ses spécificités.

Ainsi faut-il avoir en tête une subtilité liée à ce contexte : *quand Plotin condamnera la gnose, il faudra*

toujours entendre le gnosticisme qui est un dualisme hostile à la matière, et non la gnose comme telle qui est un sentiment d'étrangeté à l'endroit du monde et une noétique par laquelle advient le salut ; Plotin n'est pas dualiste, il ne condamne pas la matière, mais il fait de la conversion de l'âme vers l'Intellect la condition même d'un certain salut, mais aussi d'une certaine éthique ; à nos yeux, donc, *Plotin incarne l'archétype du philosophe gnostique refusant le gnosticisme*. Plus encore, il est possible de considérer que *le gnosticisme est un problème interne au christianisme et exprime les différentes voies entre lesquelles hésitait ce dernier, tandis que la gnose est une métaphysique et un sentiment universels, nettement antérieurs au christianisme* et que l'on retrouve bien au-delà des penseurs chrétiens.

La troisième précision doit porter sur le rapport de l'Église à la gnose. Pour l'Église, dont les dogmes ne sont pas fixés – rappelons-le –, les choses semblent complexes : de nombreux chrétiens sont tentés par la gnose en général, voire par le gnosticisme en particulier, notamment par le marcionisme qui établit une distance infranchissable entre l'Ancien et le Nouveau Testament. Pourtant, un certain nombre de théologiens écrivent et condamnent la gnose autant que le gnosticisme, à commencer par Irénée de Lyon (130-202) dont le très célèbre traité *Contre les hérésies. Dénonciation et réfutation de la gnose au nom menteur*, rédigé vers 180 et tourné contre Simon le Mage et Valentin, connut un grand succès. Cela invite à d'ailleurs rappeler ce qu'est une hérésie au sens littéral du terme : il faut y entendre le grec, *hairêsis*, qui signifie « école de pensée », ou encore « choix de pensée » ; au fond, l'hérésie est d'abord un *parti pris* en faveur d'une pensée, et toute école philosophique se dit *hairêsis* en grec. Donc la notion d'*hairêsis* est initialement un choix ou une orientation particulière ; mais, à la faveur de la théologie chrétienne, cette notion va subir deux inflexions : 1) relativement à l'Église universelle, elle va apparaître comme séditieuse car particulariste alors que l'Église se dit « catholique », c'est-à-dire littéralement « universelle », ce qui exclut les orientations particulières et 2) relativement au dogme, elle apparaîtra comme fausse. Une hérésie va donc progressivement quitter son sens grec originaire pour devenir une atteinte à l'unité d'un dogme porté par l'Église universelle. Mais, non seulement cela signifie qu'une pensée n'est hérétique que relativement à un dogme et ne l'est jamais en soi, mais en plus cela n'a de sens que lorsque sont fixés les dogmes qui créent ainsi un effet d'optique rétrospectif. Par conséquent, le fait est qu'à l'époque de Plotin, il est impossible de distinguer un gnostique d'un chrétien et quand Plotin écrira son traité contre les gnostiques (*Ennéade* II, 9, Traité 33), ce sera un traité contre le gnosticisme qui, en partie, concernera aussi certains chrétiens ; il ne faut pas oublier que Porphyre écrira plus tard un *Traité contre les chrétiens* et il n'est pas certain que pour des penseurs comme Plotin ou Porphyre[16] la différence entre « gnostiques » et « chrétiens » apparaisse de manière nette.

Bien plus tard, le concile de Nicée (325) condamnera le gnosticisme, bien que le marcionisme – qui

______

16. Cf. les ambiguïtés de Porphyre dans la *Lettre à Marcella*, traduction Arnaud Perrot, Paris, Les Belles Lettres, 2019.

engageait le statut des textes vétérotestamentaires[17] – fût condamné dès 144.

La fin de la vie de Plotin est fort triste ; en 268, il doit se séparer de Porphyre qui est mélancolique et développe des tendances suicidaires ; Porphyre quitte ainsi Rome pour Lilybée en Sicile, dans l'espoir d'y trouver repos et apaisement. La même année, Gallien est assassiné, si bien que la protection qu'accordait l'épouse de l'Empereur, Salonine, ne tient plus. Plotin doit donc quitter Rome. Un an plus tard, en 269, Amélius – son premier disciple – le quitte pour rejoindre l'école néoplatonicienne de Numénios d'Apamée, souvent appelé Numénius et dont on a retrouvé une vingtaine de fragments. Ainsi, esseulé, malade, épuisé, Plotin se rend en Campanie, région italienne où se trouve Naples, et il y meurt en 270, peut-être d'une tuberculose.

---

17. On dispose fort heureusement de la traduction d'un livre majeur du théologien Adolf von Harnack (1851 1930), spécialiste de l'histoire des dogmes chrétiens, et donc du gnosticisme : Adolf von Harnack, *Marcion. L'Évangile du Dieu étranger*, traduction collective, Paris, Cerf, 2004.

L'âme s'élançant « là-bas » ou l'exemplarité d'une vie

Un point mérite alors d'être précisé ; Porphyre – nous l'avons amplement montré – s'intéresse à la vie de Plotin pour en faire un motif d'exemplarité et donc pour construire un modèle éthique, mais une telle démarche constitue le *résultat* d'une certaine approche du monde et non une *décision* ; autrement dit, ce qui doit encore être explicité, ce sont les raisons profondes pour lesquelles la description de la vie d'un homme ne se confond pas avec celle d'une individualité.

Une des choses les plus difficiles à saisir, compte tenu du décalage mental que nous éprouvons à l'endroit de la pensée antique – et médiévale – tient à ceci que, pour nous, il semble aller de soi que le rapport que j'entretiens avec moi-même devrait me ramener à moi-même, *indépendamment du reste du monde*. Nous avons en effet tendance à juger évident le fait que le rapport à soi soit un rapport de délimitation et, partant, d'isolement. Or, pour un penseur grec, il en va exactement à l'envers de cette fausse évidence contemporaine : me rapporter à moi, c'est découvrir ma place au sein d'un ensemble infiniment plus vaste que ma particularité qui, comme son nom l'indique, se révèle justement *partie* d'un tout. À cet égard se comprend ce que les Grecs appellent « âme » (*psyché*), à savoir ce principe d'animation qui est tout à la fois moi et plus que moi, ce qui revient à dire que le moi ne saurait avoir le sens qu'il revêt aujourd'hui.

La *psyché* en grec est d'abord et avant toute chose un *principe* qui peut se distribuer aussi bien selon la vie que selon la pensée. Autrement dit, la *psyché* est principe de vie et/ou principe de pensée, sachant que le « principe » doit être entendu au sens d'une cause première, d'une origine causale d'un phénomène donné. À cet égard, la *psyché* ne se définit aucunement par la notion de personnalité ni par celle d'individualité. Le latin *anima* exprime peut-être de manière plus familière le rôle de ce principe qui est celui d'une *animation* : l'âme est ainsi principe de vie en ceci qu'elle *anime* corps et pensée. Déduisons-en aussitôt que la pensée est *mouvement* et que l'objet de la pensée sera lui-même mû par l'âme ; il nous faudra comprendre en quel sens peut s'entendre cette motion des objets cognitifs.

La science de cette âme conçue comme principe d'animation se nomme *psychologie*, cette dernière ne devant en aucun cas être confondue avec la psychologie au sens contemporain qui, réduite à une science humaine, se borne à étudier les états émotionnels et empiriques du sujet. La psychologie au sens antique – au sens authentique devrions-nous dire – ambitionne au contraire de rendre compte du *souffle vital* animant toutes choses, bien que le terme même de *psychologie* n'ait été forgé que tardivement par le croate Marko Marulic (1450-1524) dans son traité de *Psichiologia de ratione animae humanae*.

Il découle des remarques précédentes que *l'âme ne saurait être réservée à l'homme*, ce dernier ne possédant ni l'exclusivité de la vie ni celle de la pensée ; chaque chose animée possède une âme comme principe de cette animation : vivants, végétaux, bêtes, hommes, astres en mouvement, dieux, monde en son entier, voilà autant d'entités dont le mouvement ne se peut concevoir que par la présence d'une âme motrice qui est bel et bien *principe* et non *individualité*.

Cette idée est comme renforcée chez Platon par le fait que le monde lui-même a une âme assurant le mouvement et l'unité de ce même monde. Ce dernier n'étant pas immobile ni dénué d'activité, il faut qu'un *principe* l'anime, et ce principe d'animation prend naturellement le nom d'âme. L'âme du monde (*tou pantos psyché*) sera par ailleurs un thème constant de la philosophie se retrouvant jusque chez Schelling qui évoquera en 1798 une *Weltseele* dans un ouvrage au titre évocateur : *De l'âme du monde*.

Reste néanmoins à élucider le rapport entre l'âme et l'être humain et, partant, à déterminer si l'âme est principe explicatif ou causal de ce que nous sommes. Il est certain que, dans une optique platonicienne, l'âme et l'homme sont extrêmement proches ; elle est ce qui anime l'homme tant corporellement que noétiquement, à telle enseigne qu'il est permis de proposer une équivalence entre l'homme pris en sa nature d'homme et l'âme elle-même. À cet égard, *Alcibiade* tente de justifier une telle équivalence en ces termes :

« Donc, puisque ni le corps ni l'ensemble n'est l'homme, je crois qu'il reste que l'homme n'est rien ou bien, s'il est quelque chose, il faut reconnaître que ce ne peut être rien d'autre que l'âme[18]. »

On peut donc dire avec Socrate que « l'âme c'est l'homme[19] » et aussitôt en déduire que l'amélioration de l'âme n'est autre que la question de l'amélioration de l'homme. Mais alors, reposons la question : que signifie s'améliorer pour l'âme, c'est-à-dire s'améliorer pour l'homme ? Le *Phédon* peut offrir un début de réponse. Dans une discussion serrée avec Cébès, Socrate décrit deux types d'activités de l'âme. La première, liée à sa fonction motrice du corps, la porte vers ce dernier auquel elle a recours pour l'ensemble des sensations. Dans ce

---

18. Platon, *Alcibiade*, 130c, traduction Chantal Marbœuf et Jean-François Pradeau, Paris, GF, 2000, p. 173.
19. *Ibid.*

cas, l'âme « est traînée par le corps dans la direction de ce qui jamais ne reste même que soi, et la voilà en proie à l'errance, au trouble, au vertige, comme si elle était ivre, tout cela parce que c'est avec ce genre de choses qu'elle est en contact[20]. » Sentir, c'est pour Platon porter l'âme vers le corps ; éprouver une sensation, c'est laisser l'âme entravée se confondre avec le corps afin de sentir les impressions affectant ces derniers. Or, les corps étant interdépendants les uns des autres, l'âme est comme entraînée par cette multiplicité, ces rencontres, ces chocs qu'elle ressent et qui disent la nature des corps. Dénués d'identité, de stabilité, soumis au temps, les corps matériels emportent l'âme dans le vertige de l'éphémère et de l'instabilité et condamnent celle-ci à errer parmi le corruptible. Ainsi s'enchaînent les désirs jamais rassasiés puisque soumis à la loi de la nouveauté perpétuelle, la dispersion mondaine et l'incapacité à trouver l'unité. S'aliéner au monde des corps c'est, pour l'âme, s'acculer à ne trouver aucun repos ni aucune unité. Autrement dit, dans le monde des corps matériels

---

20. Platon, *Phédon*, 79c, traduction Monique Dixsaut, Paris, GF, 1991, p. 242

que régit le temps règnent le changement, la différence, la corruption, et l'âme amalgamée au corps pour sentir est comme prise de vertiges lorsqu'elle est happée par cette impermanence structurelle du monde matériel.

Toutefois, l'âme n'est pas uniquement conduite à se tourner vers les corps, à sentir. Elle peut également s'élancer « là-bas, vers ce qui est pur et qui est toujours, qui est immortel et toujours semblable à soi[21]. » L'âme peut s'élever vers l'éternel, vers ce qui échappe à la corruption du temps, vers ce qui est identique à soi et que ne vient pas corrompre la différence. Cette notion de « là-bas » [*ékei*], cruciale chez Plotin, désigne l'ensemble des réalités intelligibles – réalités immuables, absolues, et éternelles – vers lesquelles l'âme peut donc se diriger. Pour le dire autrement, les réalités intelligibles sont la structure même du réel – la réalité – et cette structure n'est accessible qu'à l'intellect vers lequel l'âme, en sa partie rationnelle, peut nous porter. De ce fait, si l'âme se défait ou se détourne du corps,

______

21. *Ibid.*, 79d, p. 242.

elle se tourne vers elle-même pour se rapporter aux réalités intelligibles. Et Platon de conclure :

« C'en est fini alors de son errance : dans sa proximité de ces êtres, elle reste toujours semblablement même qu'elle-même, puisqu'elle est à leur contact. Cet état de l'âme, c'est bien ce qu'on appelle la pensée [*phronésis*][22]. »

Il est alors enfin possible de répondre à la question inaugurale. Principe d'animation, l'âme peut se faire sensation ou pensée. Dans le premier cas, elle se détourne d'elle-même, cesse de se réfléchir, et s'aliène aux corps que lui permet de rencontrer le corps : titubante, errante, elle vogue au gré de l'impermanence du monde matériel. Mais cette sensation signe du même geste une sorte d'entrave de l'âme vis-à-vis d'elle-même. En revanche, *concentrée* en elle-même, elle se rapproche de l'identique à soi, du mouvement éternel, de ce qui jamais ne change et que jamais le temps

---

22. *Ibid.*

ne corrompt. L'amélioration de l'âme ne peut donc présenter qu'un seul sens : celui d'un apprentissage progressif du rapport de l'âme à elle-même, de l'investigation de l'âme par elle-même en vue de s'arracher à la précarité corruptible du monde pour se lover dans l'identité et l'éternité du mouvement de l'être.

Nous ne saurions néanmoins dissimuler plus longtemps le caractère incomplet d'une telle réponse. Pour quelle raison la *concentration* de l'âme sur elle-même la mettrait-elle en relation avec des réalités éternelles ? Par ailleurs, dans le cas des êtres infrahumains tels que les végétaux ou même les animaux, s'agit-il de la même âme que celle des âmes qui est capable de se concentrer en elle-même et de parvenir ainsi « là-bas » parmi les réalités intelligibles ? Cela revient d'une part à poser la question du rapport de l'âme à l'intelligible et d'autre part de l'universalité de ce rapport : toute âme est-elle capable de l'intelligible ?

Commençons par répondre à la seconde question. Chaque corps, qu'il soit végétal, animal ou humain,

présente un certain nombre de besoins nécessaires à sa survie ; de tels besoins peuvent accaparer l'ensemble de l'activité de l'âme qui, dans cette situation, ne peut aucunement exercer sa fonction intellective. En d'autres termes, pour les végétaux et les animaux, l'âme est de même nature que pour les hommes ou pour les dieux, mais la constitution corporelle qui l'entrave l'empêche clairement d'exercer sa plus haute fonction. À cet effet, et pour les végétaux et les animaux, elle se borne à en assurer la conservation de la vie.

Mais si l'âme est donc bien la même par nature, ne se différenciant que par les fonctions que lui permettent d'exercer les corps qu'elle anime, comment déterminer la nature propre de celle-ci ? Est-elle elle-même corporelle, ce qui expliquerait qu'elle puisse animer des corps ? Est-elle intelligible, ce qui expliquerait qu'elle puisse mouvoir la pensée ? Ou est-elle une sorte d'intermédiaire entre les corps sensibles et les réalités intelligibles ? La réponse de Platon, aussi bien dans le *Phédon* que dans le *Timée* ne souffre aucune équivoque : *l'âme est une réalité intermédiaire* qui, tout à la fois, n'est aucunement matérielle et qui, en même temps n'est pas pleinement intelligible : elle entretient une sorte de rapport asymétrique avec les réalités intelligibles auxquelles elle désire ressembler sans cesse davantage, mais *un tel désir de ressemblance indique paradoxalement une différence et non une identité*. L'âme ne peut en effet désirer ressembler aux réalités intelligibles que si elle en y diffère nonobstant tous les efforts qu'elle fournit pour s'en rapprocher. Par ailleurs, cette ressemblance est de l'ordre du désir plus que de l'accomplissement : si elle se rapproche en effet des formes intelligibles, ces dernières ne sauraient en revanche ressembler à l'âme, de sorte qu'il est préférable de parler d'un *désir* de ressemblance plutôt que d'une ressemblance accomplie puisque les réalités intelligibles ne ressemblent aucunement à l'âme. La différence qui subsiste par ailleurs entre l'âme et les réalités intelligibles signale qu'il y a dans l'âme de la différence à soi : loin d'être toujours identique à soi, elle évolue dans le temps, et des facultés apparaissent et disparaissent en elle.

L'âme présente donc une nature hautement paradoxale et difficilement cernable. D'un côté, Socrate
l'établit dans le *Phèdre*, « toute âme est immortelle[23] »,
immortalité démontrée à partir du fait que l'âme se meut
elle-même, sachant que l'être se mouvant lui-même ne
peut être ni anéanti ni venir à l'être. À ce titre, l'âme a
quelque chose de divin puisque la première propriété
du divin est l'immortalité. « Une fois démontrée l'immortalité de ce qui se meut soi-même, on ne rougira
pas d'affirmer que c'est là que réside l'être de l'âme,
et que c'est bien ce en quoi consiste sa définition[24]. »
Mais *cette immortalité ne débouche pas pour autant sur
l'immutabilité* : l'âme ne peut être détruite ni engen-
drée, certes, mais d'un autre côté elle s'accomplit dans
la durée, si bien qu'elle peut à la fois *se rapprocher*
de l'éternité stable de l'intelligible et en même temps
être *attachée* au sensible qui l'entraîne avec lui dans le
changement, rendant la ressemblance ineffective.

---

23. Platon, *Phèdre*, 245c, traduction Luc Brisson, Paris, GF,
2000, p. 116.
24. *Ibid.*, 245e, p. 117.

Que l'âme se concentre donc sur elle-même et elle pourra, en vertu de sa nature propre, être en relation avec l'éternel ; en revanche, elle ne pourra indiquer à celui qui fait usage de son âme de manière réflexive qu'une certaine approche de l'intelligible à défaut de lui fournir une parfaite identité. En d'autres termes, *le rapport de l'âme à l'intelligible demeure un rapport distant, la distance étant constituée par la* dianoia, *c'est-à-dire par la pensée rationnelle elle-même.* Le raisonnement ou la pensée en son contenu sont à la fois ce qui nous donne accès à la structure du réel – la réalité intelligible – et en même temps ce qui nous en maintient éloignés – nous sépare de la réalité intelligible le déploiement rationnel de la pensée qui constitue une sorte d'intermédiaire entre l'âme et la réalité. Cet aspect sera décisif pour comprendre ce que Plotin appellera les *logoï*.

Mais une fois que se trouve précisée la nature de l'âme, peut du même geste se résoudre la question du rapport entre celle-ci et l'homme : tous deux sont des réalités intermédiaires oscillant entre la matérialité du corps et l'élévation de la pensée, entre les besoins sensibles et la saisie des réalités intelligibles. Si toute âme n'est donc pas un homme, il est en revanche nécessaire de comprendre que l'âme est la nature même de l'homme en ce qu'elle exprime cette nature intermédiaire si difficile à situer. À ce titre, il est possible de dire que ce qui fait que cet homme est cet homme-ci, c'est son âme, et c'est d'ailleurs ce qu'affirme Platon dans l'*Alcibiade*[25]. Mais encore faut-il préciser un point, et comprendre exactement ce que l'on dit quand on affirme que la *psyché* est Socrate ou est Untel ou Unetelle. Jean-Pierre Vernant nous semble avoir formulé avec grande clarté l'ambiguïté de la chose :

« La *psukhé* [*psyché*] est bien Socrate, mais pas le "moi" de Socrate [...]. La *psukhé* est en chacun de nous une entité impersonnelle ou suprapersonnelle. Elle est l'âme en moi plutôt que *mon* âme[26]. »

---

25. Cf. Platon, *Alcibiade*, 130c.
26. Jean-Pierre Vernant, *L'individu, la mort, l'amour. Soi-même et l'autre en Grèce ancienne*, Paris, Gallimard, coll. Folio histoire, 1989, p. 227-228.

L'âme, nous l'avons dit, est principe de mouvement et, à ce titre, elle assure cette fonction en toutes choses ; en outre, elle ne naît pas avec moi et ne meurt pas, et donc elle ne m'*appartient pas*, raison pour laquelle Vernant peut dire qu'elle n'est pas *mon* âme au sens où elle ne serait *que* la mienne. Ainsi, s'il existe une pluralité d'âmes qui font que les choses sont ce qu'elles sont, il n'en demeure pas moins que toutes ces âmes – éternelles donc divines – exercent une force par laquelle il s'agit de retrouver le divin. Chez l'homme, c'est en exerçant sa partie rationnelle que l'âme peut retrouver l'intelligible et, partant, retrouver la structuration même du réel. De ce fait, *l'âme n'est pas complaisance envers sa propre singularité mais, bien au contraire, effort pour retrouver l'universalité – c'est-à-dire l'intelligible.* « L'âme immortelle, écrit toujours Vernant, ne traduit pas chez l'homme sa psychologie singulière, mais plutôt l'aspiration du sujet individuel à se fondre dans le tout, à se réintégrer dans l'ordre cosmique général[27]. »

---

27. *Ibid.*, p. 228.

Ainsi se comprend somme toute la question biographique de Plotin ; la description de sa vie n'a de sens qu'à la condition de décrire l'âme qui l'habite et qui lui permet de s'élever – mouvement – vers la structuration du réel, vers l'intelligible et, partant, de se quitter lui-même par renoncement aux illusions de la singularité. Pour le dire autrement, une vie exemplaire n'est précisément *exemplaire* qu'à la mesure de sa capacité à indiquer les moyens de ne pas se complaire dans l'individualité tout en faisant de l'âme le principe par lequel peut se retrouver en soi non pas *ma* personnalité, mais, tout au contraire, le sens universel de l'être.

Édition des *Ennéades*

Trente ans après la mort de Plotin, Porphyre, qui a recueilli les textes dictés par ce dernier, publie les *Ennéades* entre 300 et 301, auxquelles il ajoute en introduction une courte biographie de Plotin.

Porphyre ne se contente pas de compiler les œuvres de ce dernier, mais il les trie, les divisant ou les fusionnant pour les classer dans un ordre particulier que l'on peut qualifier de logico-thématique, tout en leur attribuant des titres qui ne seront pas sans effets quant à l'interprétation que l'on mènera de certains concepts – à commencer par celui d'hypostase.

Cela a pour effet de créer deux séries différentes des œuvres de Plotin. La première est de nature chronologique, et renvoie à l'ordre temporel de rédaction des Traités, c'est-à-dire à l'ordre de dictée des propos de Plotin. Mais, ce que l'on appelle au sens propre les *Ennéades* et qui signifie « neuf » en grec, est une construction de Porphyre qui regroupe en six Ennéades des blocs de neuf traités selon une logique thématique. En somme, *chaque ennéade contient neuf traités dans un ordre affranchi de celui de la rédaction et auquel a été substitué celui de l'unité thématique.* Cela crée un double référencement permanent qu'il faut apprendre à déchiffrer.

Les six Ennéades se distribuent comme suit :
• La première concerne l'éthique, c'est-à-dire une certaine manière de se comporter, de penser, de considérer le monde, bref *une certaine manière d'habiter le monde et, plus encore, d'apprendre à*

prendre appui sur le monde pour remonter à sa structure fondamentale.

- Les deuxième et troisième ennéades sont consacrées à la nature, dont le sens chez Plotin engage toute une réflexion sur l'âme, l'Intellect, et les « raisons » que nous définirons dans le cours de l'ouvrage.
- La quatrième ennéade est consacrée à l'âme.
- La cinquième est consacrée à l'Intellect.
- La sixième est consacrée à l'Un.

Quant aux Traités, on estime que l'ordre de rédaction est à peu près le suivant :

- De 254 à 263 sont dictés et rédigés les vingt et un premiers, dont Porphyre nous dit qu'ils sont sans doute de qualité moindre que les suivants.
- De 263 à 268 sont dictés et rédigés les traités 22 à 45.
- En 269, en pleine tourmente, sont dictés et rédigés les traités 46 à 50.
- En 270, au seuil de sa vie, Plotin aurait dicté les traités 51 à 54.

Il existe plusieurs éditions des Ennéades, mais la plus marquante est sans doute celle de Marsile Ficin (1433-1499), figure du néoplatonisme florentin qui, après avoir traduit Platon du grec vers le latin, mena à bien la même tâche pour Plotin en 1486, traduction qui ne fut toutefois publiée qu'en 1492 à Florence et à laquelle il est toujours d'usage de se référer pour éclairer certains choix philologiques. Néanmoins, les deux éditions de référence sont aujourd'hui celles de Paul Henry et Hans-Rudolf Schwyzer qui ont proposé des *Plotini Opera* selon deux versions, une dite majeure publiée entre 1951 et 1973[28], contenant un remarquable apparat critique, et une dite mineure, allégée quant aux notes et amendée quant au texte, publiée entre 1964 et 1982[29].

Pour établir la correspondance entre Traités et Ennéades, il n'existe aucune clé particulière ; en revanche, le numéro de Traité donne une indication quant à la date de rédaction, tandis que la classification

---

28. Cf. Paul Henry et Hans-Rudolf Schwyzer (éd.), *Plotini Opera*, trois volumes, Paris/Bruxelles, Desclée de Brouwer/Édition universelle, 1951-1973.

29. Cf. Paul Henry et Hans-Rudolf Schwyzer (éd.), *Plotini Opera*, trois volumes, Oxford, Oxford Classical Texts, 1964-1982.

dans l'Ennéade délivre un renseignement thématique ; si l'on prend par exemple le Traité 30, on sait qu'il est rédigé entre 263 à 268, et si l'on prend son équivalent en Ennéade, il s'agit de l'Ennéade III, 8, ce qui signifie qu'il constitue le huitième traité de la troisième Ennéade, donc qu'il concerne la nature.

Ainsi la référence « Plotin, *Ennéade* V, 2 [11], 1, 27-29 » doit-elle être lue comme suit : il s'agit du second traité de la cinquième Ennéade, qui correspond au Traité 11, premier chapitre, lignes 27 à 29. Mais la référence peut également s'écrire « Plotin, Traité 11 (V, 2), 1, 27-29 », auquel cas il s'agit du Traité 11 mis en premier, correspondant au deuxième traité de la cinquième Ennéade, chapitre 1, lignes 27 à 29.

Enfin, si nous utiliserons la traduction des Traités dirigée par Luc Brisson et Jean-François Pradeau chez GF[30], nous recommandons également les éditions

---

30. Cf. Plotin, *Traités*, édition publiée en huit volumes sous la direction de Luc Brisson et Jean-François Pradeau chez Garnier-Flammarion de 2002 à 2010. Comme il est d'usage, nous

isolées de certains traités publiées chez LGF, notamment les Traités 9, 25, 38, 50 et 51 dont il faut saluer la qualité du commentaire.

---

mentionnerons dans les notes le numéro d'Ennéade, le numéro de traité, le chapitre, les lignes, l'ensemble étant suivi de la pagination dans l'édition GF.

Chapitre I :
de la nature [phusis] à l'âme

Nous commençons par cette notion, car elle nous semble constituer le pivot de l'ensemble de la pensée plotinienne, celui autour duquel s'organisent en miroir les trois premières et les trois dernières Ennéades. Parce qu'elle engage aussi bien la matière et les corps, que l'âme et l'Intellect, elle doit être décrite, définie et analysée dès les premières étapes afin d'introduire à toutes les notions décisives que peut développer Plotin.

1) Généralités

La *physis* en grec vient du verbe *phuo* qui signifie « je fais croître », « je fais naître », et de *phuomaï*, je pousse, je crois, je nais. La nature est toujours pensée par les Grecs comme une puissance autonome, puissance de croissance, de naissance, et d'organisation de la vie prise en son sens large, à savoir au sens de ce qui est « animé », donc de ce qui dispose d'une âme (*psyché*). À cet égard, les dieux font partie de la nature, et l'on serait bien en peine de découvrir chez les Grecs ce que nous avons pris coutume de nommer « surnaturel » : rien, au sens strict, n'est véritablement surnaturel chez les Grecs pour qui la nature, justement, dispose d'une extension bien plus grande et bien plus englobante que pour nous.

La conséquence immédiate de cette approche est que *la nature n'est pas tant une chose ni même un ensemble de choses fixes qu'un processus et une dynamique* ; la nature est une activité de jaillissement, de production, et elle ne saurait être identifiée à des entités figées. À cet égard, il faut d'emblée éviter de faire de la nature une espèce de désignation d'objets, mais il faut bien plutôt y entendre l'idée d'une force par laquelle s'opère une production constante – ce qui permet de comprendre le lien intrinsèque entre la nature et l'animation de l'âme.

Enfin, la *phusis* présente une dimension normative : elle est la loi qui règle les phénomènes et elle est souvent aussi l'âme qui vivifie les corps.

Au-delà de ces trois caractéristiques générales de la *phusis*, il faut ajouter la vision stoïcienne de cette dernière en dehors de laquelle la pensée plotinienne demeurerait inintelligible. Pour les stoïciens, que Plotin connaît fort bien, la nature est le tout autant que l'absolu, ce qui revient à dire que l'on se trouve dans une ontologie moniste où rien ne saurait être véritablement *extérieur* à la nature. Celle-ci régit même le tout par des lois naturelles, rationnelles, nécessaires et parfaites. La nature est donc divine. À cela s'ajoute le fait que, chez les stoïciens, *la* nature est en même temps *ma* nature. Ce glissement s'explique aisément par deux motifs : 1) d'abord parce que je suis amené à être incorporé au tout, si bien que je subis une légalité naturelle qui m'incorpore au tout. Et 2) parce que j'ai reçu le *logos*, la raison, qui est constitutif de ma nature et qui « veut » l'ordre, c'est-à-dire la soumission des parties au tout. À cet égard, l'idéal consiste à faire en sorte que *notre* nature vive selon *la* nature, ce que l'on peut résumer selon ces trois modalités :

- La nature est le tout divin.
- La nature est ma nature.
- Puisque ma nature est de posséder le *logos*, alors la nature est une forme de rationalité psychique, une âme rationnelle immanente au monde, thèse que Plotin discutera longuement.

2) Sens plotinien de la nature : l'enjeu des *logoï*

a) La notion de logoï

Pour comprendre l'approche plotinienne de la nature, il faut conserver à l'esprit les généralités précédemment mentionnées et introduire du même geste la question complexe des *logoï*, pluriel du *logos* dont on sait à quel point la traduction fait débat. La grande difficulté inhérente à ce terme est qu'il semble renvoyer à une faculté – la raison –, à un développement linguistique – la parole ou le discours –, au développement même de la raison – le raisonnement –, voire à une connaissance. À vrai dire, il semble que le point commun à toutes ces approches soit celui du *développement* : le *logos* paraît développer ou déployer dans le temps des choses articulées, qu'il s'agisse d'une pensée ordonnée, donc d'un raisonnement, d'un discours, voire d'une connaissance. Disons donc que *logos exprime toujours un développement ordonné selon des règles* et, partant, que *rien n'est plus égarant que d'identifier le* logos à *ma* raison. Mais, du fait même que l'on développe quelque chose – pensée, discours, raisonnement –, on se trouve pris dans une durée, dans un certain temps qui conditionne le développement. De ce fait, le *logos* apparaît comme le développement ou l'explicitation d'une réalité fondamentale, eux-mêmes présupposant un certain milieu – le temps ou la durée – par lequel le développement est possible.

Cette question du développement engageant le temps est absolument cruciale, car Plotin, aussi syncrétique soit sa pensée, conserve une série de notions platoniciennes, à commencer par celle de « Forme », *eidos*. Or, c'est un lieu commun de rappeler que la Forme, en tant que réalité absolue et immuable des choses, échappe au temps. De ce fait, la Forme comme réalité éternelle et immuable ne peut pas, comme telle, se donner dans le temps et apparaît une vive difficulté pour penser la possibilité que les formes puissent être la structure de réalités par ailleurs temporelles : comment ce qui est parfaitement étranger au temps pourrait-il informer – structurer – de quelque manière que ce soit une série de corps temporellement déterminés ? La seule solution est alors de convoquer les *logoï*, les « raisons », c'est-à-dire les développements rationnels qui permettent aux Formes de se déployer, de se développer, de s'*expliciter*. On peut ainsi considérer que si le *logos* est un développement – discours, parole, raisonnement, etc. –, c'est qu'il développe ou explicite *quelque chose* qui, par lui-même, n'a pas d'étendue. Partant, nous comprenons que la Forme est par elle-même sans développement – raison pour laquelle elle ne peut être connue que de manière intuitive – et que le *logos* la « dé-veloppe » ou l'explicite. En somme, les *logoï*, les « raisons » sont le développement effectif des Formes qui, non temporelles, ne sauraient par elles-mêmes contenir quelque développement que ce soit. On ne saurait donc concevoir de *logoï* sans les Formes, mais on peut fort bien concevoir celles-ci sans celles-là.

Le problème qui apparaît à présent est celui du substrat dans lequel peuvent se développer les *logoï*. Celles-ci ne peuvent se développer que dans la matière, ce qui signifie que les raisons viennent déployer au cœur même de la matière un ordre et une structure dont l'origine est intelligible. Cela se comprend fort bien avec l'exemple de la beauté qui, comme telle, est une Forme, donc une structure ontologique fondamentale, et qui se déploie selon les raisons dans la matière, afin de structurer des corps rendus beaux de la sorte. « Ainsi donc, écrit Plotin, un corps beau est beau par une communauté [*koinonaia*] avec une raison [*logos*] venue des dieux[31]. »

b) Nature, monde et *logoï*

Allons maintenant un peu plus loin et appliquons ce raisonnement à la nature, *puis* au monde. Ce dernier est plein de corps particuliers, notamment de corps vivants. Chaque corps n'est ce qu'il est qu'en tant qu'il est le développement dans la matière de raisons développant elles-mêmes les formes, ce qui revient à dire que *les*

---

31. Plotin, *Ennéades* I, 6, [1], 2, 30, p. 70.

corps et la matière ne sont pas exactement la même chose : le corps est le produit d'une matière informée par les raisons, si bien que *le corps est toujours ordonné du fait même qu'il est par nature porteur de l'ordre rationnel.*

Par ailleurs, l'ensemble des corps forme le monde ; mais, précisément, comment se fait-il que nous disions *le* monde ? Pourquoi cet ensemble de corps forme-t-il un élément unifié, le monde ? Cela indique d'abord que le monde a quelque chose d'éternel, d'incorruptible, qu'il demeure identique à lui-même et, partant, qu'il constitue une sorte de corps parfait contrairement aux corps individuels, périssables et corruptibles ; mais une telle perfection ne peut être comprise qu'à la faveur d'un principe d'unité qui apparente tous les corps et qui fait de ceux-ci une sorte de partition du corps parfait qu'est le monde. Ainsi se comprend la raison par laquelle la somme des corps ne forme pas un gigantesque chaos : cela tient tout simplement au fait que les corps individuels sont *seconds* et non *premiers*, ils sont déjà la partition du monde comme unité[32], laquelle impose de penser le principe d'unité et donc de poser une âme du monde dont la notion a été rencontrée en introduction par son usage platonicien.

Toutefois *l'âme du monde n'est pas encore la nature*, ne serait-ce qu'en raison de la définition que nous avons rappelée de la nature et qui fait signe vers un procès de production tandis que l'âme est bien plutôt principe d'animation et, le cas échéant, de mouvement vers l'intelligible. Néanmoins, bien que la nature et l'âme du monde ne soient pas identiques, il n'est pas possible de les penser séparément. De ce fait, nous pouvons dire que la nature prise en son sens plotinien est d'abord *la* nature, donc expression d'une unité et c'est pour cette raison que *la nature suppose l'âme du monde*. Pour le dire autrement,

---

32. Le Traité 31 pose à la fois l'unité du monde et la *méthode rationnelle permettant de se la représenter* : « Ce monde donc, saisissons-le par la pensée discursive, en chacune de ses parties […], en les prenant toutes ensemble pour les unifier autant que possible, de sorte que, dès que l'une apparaît […] alors on se représente immédiatement le soleil, et avec lui les astres, et l'on voit la Terre, la mer et tous les vivants, comme dans une sphère transparente à travers laquelle il serait réellement possible de tout voir. », Plotin, *Ennéade* V, 8 [31], 9, 1-7, p. 103.

l'âme du monde fournit à la nature son unité, justifiant que nous parlions bel et bien de la *nature.* En somme, la nature est ce qui est ordonné par l'âme du monde et qui, en tant que force de production, *produit donc de manière ordonnée.* Qu'est-ce à dire concrètement ? Tout simplement que le procès de production qu'*est* la nature consiste à développer les raisons dans la matière, et donc à produire des corps qui seront autant d'expressions du monde. Bref, la nature est le processus dynamique par lequel s'opère l'information de la matière sous forme de corps renvoyant à l'unité du monde, c'est-à-dire la formation d'êtres développant matériellement des Formes – les corps – appartenant toutes au monde dont l'unité est assurée par l'âme, laquelle ne se rapporte au monde que par la nature. Ce qui revient à dire que *la nature est ce par quoi l'âme du monde dispose bel et bien d'un monde.*

De cela découlent plusieurs conséquences. La première concerne les corps individuels, c'est-à-dire la matière informée par les raisons. De même que le réel n'est pas la réalité, de même le corps n'est pas la corporéité : en effet, si le corps est le résultat d'une information, encore faut-il qu'il existe une nature des corps par laquelle la matière *ait à* être informée. En d'autres termes, *ce qui fait la corporéité ce sont les raisons* qui, elles-mêmes, renvoient aux Formes. Par conséquent, la corporéité est une Forme qui ne s'accomplit que par les raisons rencontrant la matière[33] tandis que le corps désigne une matière informée par les raisons.

La seconde conséquence tient aux raisons elles-mêmes : si l'on juge que la corporéité est par elle-même une Forme qui ne s'accomplit que par les raisons, c'est donc qu'il existe nécessairement deux types de *logoï* : un premier type renvoie à ce que l'on pourrait nommer les *logoï* pures qui sont nécessitées par la corporéité en tant que Forme, et les secondes sont les *logoï* effectivement développées dans le temps et par lesquelles adviennent les corps. Pour le dire autrement, les *logoï* doivent, dans leur pureté, être propriétés de l'Intellect, mais dans leur développement être mouvements dans la matière animés par une âme. Naturellement, nous avons principalement évoqué les *logoï* développées,

---

33. Cf. Plotin, II, 7, [37], 3, 3-16, p. 390.

explicitant les Formes, quoique l'analyse même de leur existence suppose d'admettre des raisons auprès de l'Intellect sans lesquelles deviendrait inintelligible la possibilité même que les Formes puissent précisément se développer rationnellement.

Mais, en dépit des apparences, nous ne sommes pas encore quittes de toute la complexité de ce que Plotin appelle « nature » ; pour pleinement comprendre ce processus de formation, il nous faut creuser encore plus loin sa conceptualité et étudier de près le Traité 5 (*Ennéade* V, 9), en particulier le chapitre 6.

c) Les logoï spermatikoï

Dans les généralités introductives, nous avions mentionné l'approche stoïcienne de la nature comme élément incontournable de la compréhension de la conceptualité plotinienne ; or, jusqu'à présent, nous n'avons guère sollicité cette référence, ce à quoi il convient de remédier.

La pensée plotinienne est, rappelons-le, une pensée synthétique offrant une synthèse complexe entre platonisme, aristotélisme et stoïcisme, ce dernier développant une série de concepts autour du *logos spermatikon* ou des *logoi spermatikoi*. Système matérialiste et moniste, le stoïcisme parvient à l'idée que rien n'est étranger à la matière du monde régie par la nature. Il y a donc une matière générale, indéterminée, qui pourtant adopte plusieurs formes différenciées selon l'ordonnancement rationnel de la nature. D'où vient donc la possibilité pour chaque corps particulier de prendre la forme qu'il prend ? La réponse stoïcienne se trouve dans le concept de *logoï spermatikoï*, c'est-à-dire de principes générateurs immanents à la matière. Ce sont des entités corporelles qui contiennent la forme et les lois de la croissance de chaque corps individuel, ce qui peut se déduire de l'ontologie radicalement moniste du stoïcisme pour laquelle l'ordre de développement des choses ne peut être qu'immanent au monde lui-même. Ces principes générateurs immanents à la matière du monde expliquent la formation des corps individuels, vivants comme inertes, mais aussi leur développement.

Plotin reprend avec la notion de « semences » développée dans le Traité 37 cette notion de *logoï spermatikoï*, à ceci près que, en bon platonicien, il ne peut être moniste au sens où le sont les stoïciens ; de ce fait, ces *logoï spermatikoï* vont s'immatérialiser et migrer vers une âme globalement immatérielle. Ils sont en elle et donc ne sont pas matériels, pas « corporels ». Par ce biais peut être précisé, chez Plotin, le sens que revêt un corps matériel au-delà de ce que nous en avons déjà dit : le corps est une âme qui, disposant d'un *logos spermatikon*, d'une « semence », est capable d'ensemencer la matière informe pour lui donner la forme précise d'un corps et lui imposer les lois de son développement. Cette semence n'est pas matérielle, ne contient donc pas de parties, raison pour laquelle dans la semence les parties ne sont pas distinctes, la distinction présupposant un partage que seule rend possible une matière étendue.

Pourtant, le fait est que l'œil diffère de la main, et donc qu'il doit bien exister une raison de l'œil et une raison de la main, bien que ces raisons, n'étant pas matérielles, ne puissent pas dans la semence être pensées sous la forme de distinctions. Au fond, Plotin comprend fort bien que lorsque l'on pense à une différence, on a tendance à la spatialiser, à l'étendre et à la concevoir comme un *partage* ; or, pour des réalités immatérielles – et tel est le cas des semences –, cela n'a pas de sens si bien que l'on ne peut pas affirmer de celles-ci qu'elles soient distinctes.

Néanmoins, si l'on poursuit l'examen du chapitre 6, notamment des lignes 19 et 20, on s'aperçoit que Plotin établit une distinction entre deux âmes puisque, d'un côté, les semences sont dans l'âme, tandis que, de l'autre, l'âme se trouve dans les semences ; c'est donc qu'il ne s'agit pas de la même âme. La première est l'âme de chaque chose, l'âme de chaque individualité, et l'âme de chaque individualité contient les semences, donc les *logoï spermatikoï* par lesquelles les corps seront indi-viduellement informés, individuellement ensemencés ; mais n'oublions pas que les corps sont comme des partitions du monde, lequel suppose une âme du monde, une âme générale du *cosmos*, pris comme un tout parfait et incorruptible, et dont tous les corps, informés par les *logoï*, sont l'expression unifiée. C'est précisément ce que les stoïciens appellent « nature ». À cet égard se comprend très bien ce que Plotin reprend aux stoïciens, et en même temps ce qu'il leur dénie. Il leur emprunte ceci, à savoir que la nature est bel et bien, si l'on remonte à sa source, une forme de rationalité psychique, donc de rationalité associée à une âme, donc une âme rationnelle. La nature n'est jamais que l'unité des corps via une âme rationnelle qui parcourt la matière même du monde. Mais en même temps, du fait même de son platonisme, Plotin refuse le monisme stoïcien ; de ce fait, l'âme ne saurait être de même nature que les corps, ce qui explique la raison pour laquelle Plotin établit une distinction entre l'âme rationnelle et la nature elle-même contrairement aux stoïciens pour qui la nature est l'âme rationnelle qui gouverne le monde. Chez Plotin, la *phusis* déploie les raisons depuis un élément étranger aux corps, à savoir depuis l'âme du monde si bien que ce dernier ne peut plus être ce dans quoi la nature se répand sous forme immanente.

De là découlent deux choses essentielles : 1) puisque la nature suppose un principe psychique d'unité, donc une âme, alors il devient possible de relier la nature à

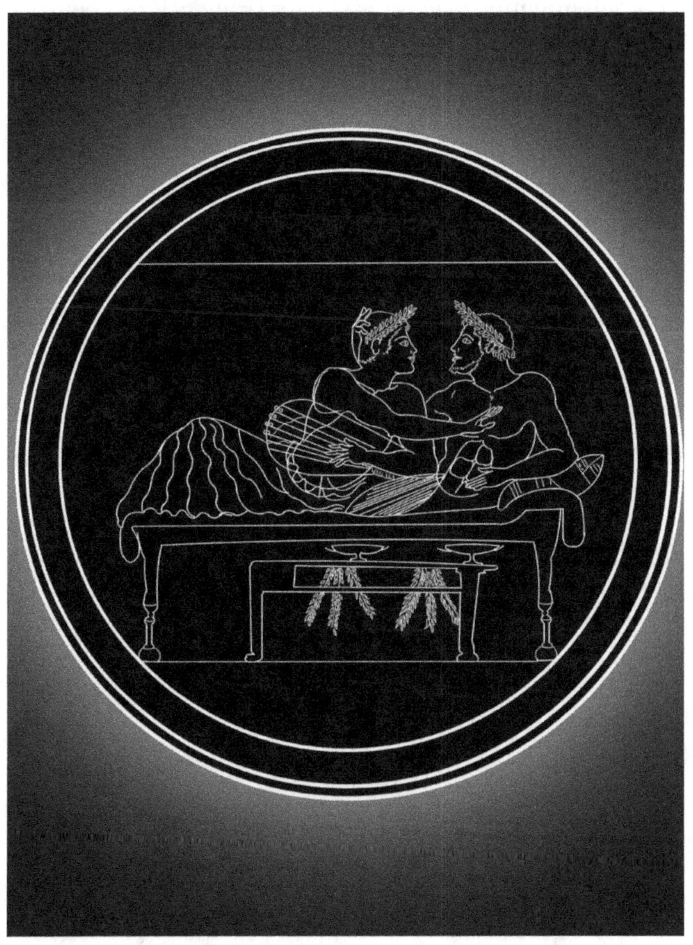

la contemplation ; le si délicat Traité 30 ne peut se comprendre qu'ainsi ; 2) chez Plotin, les corps matériels renvoient toujours à « un autre », à « là-bas », à quelque chose qui n'est pas immanent au monde, et qui est ontologiquement différencié ; historiquement parlant, Plotin ne reprend pas le monisme stoïcien si bien que le monde renvoie à autre chose que lui-même. Cela revient à dire que le monde et la nature ne sont pas identiques : le monde, c'est l'unité des corps qui en sont la partition, tandis que la nature désigne bien plutôt l'âme du monde présente en chaque semence, semence grâce à laquelle le corps peut être dit *naturel*.

d) Comment la nature peut-elle contempler ?

Cette question est l'enjeu assumé du Traité 30 qui peut sembler déroutant, mais dont le chapitre 1 assume pleinement le problème. Reconnaissant volontiers que la nature est dénuée comme telle de réflexion et de *phronésis*, ce qui se déduit du fait même qu'elle n'est jamais que la partie inférieure de l'âme du monde, Plotin retrouve la pensée stoïcienne selon laquelle la nature ne saurait réfléchir. Mais, à la différence de celle-ci, Plotin introduit un concept platonicien qui est celui d'image et qui permet de penser le fait que ce dont l'âme est capable, la nature l'est aussi au moins à titre d'image, ce que le Traité 28 avait déjà théorisé[34]. Que la nature soit productrice, mais non réflexive signifie que, *relativement à l'âme,* elle ne peut correspondre qu'à sa partie inférieure donc *végétative.* Ce point est crucial car l'âme, en sa partie végétative, n'est ni réflexive ni pensante, mais renvoie malgré tout à l'âme du monde dont elle est la partie inférieure. Or, le continuisme inhérent au plotinisme fait que c'est *bel et bien la même âme qui peut penser, réfléchir, se représenter et disposer d'une partie inférieure végétative.* Autrement dit, il doit exister un lien de continuité entre la partie inférieure, végétative, et la partie supérieure qui pense et réfléchit, ce qui revient à dire que *la partie productrice qui produit les corps par diffusion des raisons est en lien avec la réflexion et donc la contemplation* – et telle sera la raison profonde de la portée contemplatrice de la nature, à condition toutefois de penser à nouveau frais l'extension d'une telle contemplation.

---

34. Cf. en particulier *Ennéade* IV, 4 [38], 13, 2-25, p. 134.

De manière traditionnelle, en effet, la contemplation, la *theôria*, est réservée à l'homme et aux dieux, et désigne l'activité par laquelle *l'intellect* accède à la réalité elle-même, donc aux intelligibles. De ce fait, seules des réalités relevant de l'intelligible, de la structure même du réel, sont capables de *theôria*. Mais ce que nous avons vu avec Plotin impose d'étendre le sens de la *theôria* ; pourquoi cela ? Parce qu'il y a des formes intelligibles dont le développement temporel s'appelle « raisons » lesquelles informent la matière, et produisent des corps, la « nature » étant le nom de ce processus de production depuis l'âme du monde. Mais cela revient à dire que l'intelligible se retrouve *médiatement* dans les corps, que la nature diffuse l'intelligible via les raisons dans les corps, et qu'*une réalité naturelle est au fond une réalité exemplifiant matériellement les intelligibles sous une forme temporellement développée.* Plus que le reflet platonicien, il s'agit ici d'une diffusion de la structure même du réel – la réalité – à même le réel. En somme, il y a de l'intelligible dans les corps, et donc dans les êtres naturels. Par ailleurs, la nature dépend de l'âme du monde, âme unifiée qui, certes, produit par sa partie végétative, mais qui, par sa partie supérieure, se fait pensante et réflexive ; l'âme du monde *sait* donc ce qu'elle fait et ne produit pas à l'aveugle ; elle sait fort bien qu'elle diffuse les raisons dans la matière pour l'informer et elle sait fort bien que les raisons proviennent de l'intelligible. De ce fait, Plotin va resémantiser la notion de *theôria* : ce n'est plus uniquement une activité théorétique de connaissance des intelligibles, mais elle devient également une activité pratique, c'est-à-dire une activité productrice. Autrement dit, *du fait même de l'unité de l'âme* se déduit la nécessité que la production naturelle ne soit pas en rupture avec la pensée et la réflexion, bien que, comme telle, la nature ne pense pas. Mais, puisque la production naturelle – ou la nature comme procès de production – engage l'intelligible, et puisque l'âme est une, alors il faut ouvrir la contemplation *au-delà de l'activité théorétique, c'est-à-dire faire rentrer la production naturelle au cœur même de la contemplation.*

Ici apparaît presque rétrospectivement la raison pour laquelle il fallait consacrer autant de temps à l'explicitation des concepts en vue d'en distinguer le sens.

Chez Plotin, la nature n'est ni la matière, ni les corps. La matière désigne le matériau informe de départ ; elle est une sorte de matériau disponible à informer. Les corps sont le produit d'une matière informée par des raisons ou des semences. La nature est le procès de diffusion de la Forme via les raisons, et dont l'agent, c'est-à-dire le principe actif, est l'âme du monde prise en sa partie inférieure, donc en son sens végétatif. Par conséquent, une fois comprise chacune de ces définitions, il apparaît évident que le corps comme corps naturel peut contempler, mais en un sens très précis : au sens où *en sa naturalité* même se joue l'unité de l'âme du monde dont le procès de production naturelle engage la partie inférieure qui, par cette unité même de l'âme, renvoie néanmoins à la pensée et à la réflexion, de sorte que le continuisme plotinien permet d'intégrer la production – la nature – à la contemplation qui ne se réduit plus à une activité théorétique pure qu'il serait possible d'isoler. Tout ce qui vient d'être expliqué peut être compris par un autre biais : il suffit de comprendre que *la matière n'est pas la nature* et que la matière n'est pas, *par elle-même, naturelle,* car la matière n'est pas par elle-même un procès de production, mais se présente bien plutôt comme un substrat destiné à être informé par des raisons. De ce fait, *le procès de formation des corps n'est rien d'autre que le procès naturel lui-même* et lorsqu'un corps matériel s'avère producteur c'est en tant qu'il porte en lui la nature et non en tant qu'il est matériellement constitué. Par conséquent, *par sa naturalité*, c'est-à-dire *en tant qu'il est un moment d'un procès de production dépendant de la partie végétative de l'âme du monde*, le corps naturel peut contempler, la production faisant donc partie de la contemplation. Un tel propos suppose en somme de ne pas voir dans les corps leur *matérialité*, mais, bien au contraire, leur *naturalité* prise au sens que nous avons défini.

Derrière l'apparente complexité de ce que décrit Plotin, il faut sans doute voir une sorte d'intuition d'une quasi-évidence : ce dont il cherche à rendre compte, c'est tout simplement du fait que *la production naturelle ne s'effectue pas à l'aveugle*. Autrement dit, si la nature se présente à nous sous la forme d'un procès de production, celui-ci s'avère ordonné et rationnel, un merle produisant par exemple un merle. De ce fait doit

être pensée la nécessité d'un *savoir* de la nature dont le procès de production n'est jamais que l'expression. Quelque chose, pour le dire autrement, *sait* ce qu'il faut produire, et il devient possible de remonter du produit au savoir du produit, raison pour laquelle il n'est plus possible d'exclure la production de la contemplation : si j'ai bien affaire à quelque chose de déterminé parmi les corps naturels, et s'il existe bel et bien une matérialisation d'une Forme via des raisons, c'est donc que le *réel comme produit exprime la structure du réel – la réalité – et, partant, que la présence de ce produit est inintelligible en-dehors d'un savoir*. En somme, ce que nous dit le réel comme produit, c'est tout simplement que *quelque chose sait ce qu'il faut produire*.

e) Des corps ici-bas aux formes divines « là-bas »

Par ce qui précède, on comprend que toute la pensée plotinienne contient un effort pour remonter d'ici-bas vers « là-bas », du réel vers la structure du réel – la réalité –, du monde vers l'intelligible. Contrairement aux stoïciens qui trouvent ici-bas et dans la matière tout ce qu'ils ont à trouver et qui, au fond, identifient sans autre forme de procès réel et réalité, Plotin demeure fidèle à Platon et recherche une structuration non matérielle des corps matériels, une réalité transcendante du réel. À bien des égards, ce que l'on a rencontré sous le nom de « nature » est un des moments de cette remontée *du fait même que la matière n'est pas la nature*. Cela permet de comprendre l'*Ennéade* V, 8, dont le chapitre 7 commence sur un point essentiel, à savoir que l'être et la détermination de notre monde « proviennent d'un autre[35] », précision essentielle, car elle permet de comprendre que, chez Plotin, s'établit une subtile dialectique entre *continuité ontologique et maintien d'une altérité*. En d'autres termes, *Plotin ne se révèle ni moniste ni dualiste,* en ceci que tout ne se confond pas en une seule nature – il n'est pas moniste – bien qu'aucune rupture infranchissable entre deux niveaux de l'être ne soit pour autant établie. Telle est la difficulté majeure du plotinisme que de parvenir à identifier cette ligne de crête si fragile où il s'établit et qui cherche à dire que le réel n'est pas la

---

35. Cf. en particulier Plotin, V, 8 [31], 7, 13-18, p. 100.

réalité, que la structure même des choses ne s'identifie pas à celles-ci, tout en refusant que s'établisse un fossé entre choses du monde et réalité du monde.

Dès lors, se tourner vers « là-bas, vers ce qui est pur et qui est toujours, qui est immortel et toujours semblable à soi » évoque Platon, plus précisément *Phédon*, 79 d. L'âme comme principe de mouvement peut impulser le mouvement vers l'intelligible, donc vers l'éternel, vers ce qui échappe à la corruption du temps, vers ce qui est identique à soi et que ne vient pas corrompre la différence. Cette notion de « là-bas » [*ékei*], cruciale chez Plotin, désigne l'ensemble des réalités intelligibles – réalités immuables, universelles et éternelles – vers lesquelles l'âme peut donc se diriger et que la pensée rationnelle permet de concevoir – et non de posséder. De ce fait, le plotinisme constitue une invitation adressée à l'âme de partir des corps pour s'en détourner et se tourner vers elle-même de telle sorte que, sondant son origine propre, l'âme retrouve sa provenance intelligible, ce qui revient à se tourner vers « là-bas ». Plotin marque sur ce point sa pleine fidélité à Platon qui, dans le *Phédon*, avait déjà décrit pareil processus dont la pensée rationnelle constituait la première étape d'une ascension vers l'intelligible[36].

---

36. « C'en est fini alors de son errance : dans sa proximité de ces êtres, elle reste toujours semblablement même qu'elle-même, puisqu'elle est à leur contact. Cet état de l'âme, c'est bien ce qu'on appelle la pensée [*phronésis*] », *in* Platon, *Phédon*, 79d, traduction Monique Dixsaut, Paris, GF, 1991, p. 242.

Chapitre II :
l'intellect et les intelligibles.
Ontologie et noétique plotiniennes

Bien qu'il ait été abondamment question des Formes, de l'intelligible et de l'Intellect dans le précédent chapitre, leur définition n'en a pas encore été donnée avec précision. Le temps est venu de comprendre ce qu'est l'être véritable, la réalité comme telle en tant que structuration du réel, c'est-à-dire l'intelligible, mais aussi de déterminer dans quelle mesure le monde constitue pour l'intelligible une altérité alors même que Plotin n'est pas véritablement dualiste.

Pour comprendre ces éléments, nous aurons besoin des concepts de reflet et d'image. Le grec utilise le terme *eidolon* – littéralement « forme diminuée » – pour qualifier le reflet et celui d'*eikon* pour l'image. Nous savons par ailleurs que le monde dont les corps sont des partitions renvoie à toujours plus que lui-même, et que l'âme du monde reflète l'intelligible ; de ce fait, ce dernier se diffuse par les raisons dans la matière, produisant *naturellement* les corps à partir du substrat matériel. Il en découle une conséquence fondamentale voulant que, dans le platonisme et le néoplatonisme, tout ici-bas nous parle de là-bas, tout ici-bas évoque sous une forme certes imparfaite, matérielle et temporelle l'immuable, l'identité, pour peu que l'on ne soit pas dupe justement du devenir, de la corruption, etc. Il y a certes du devenir et de la corruption, mais ils ne sont pas le dernier mot du monde ; tel est l'enseignement plotinien par excellence.

1) Généralités sur l'Intellect (*noûs*)

Le grec dispose au moins depuis les présocratiques d'un terme fondamental, celui de *noûs*, pour désigner l'Intellect. Diogène Laërce (I, 35) nous rapporte que Thalès lui-même l'utilisait, tandis que l'analyse du mot révèle sa parenté avec la pensée puisque *noûs* semble être une contraction de *no-os*, le *no* étant la racine grecque de tout ce qui rapporte à la pensée. De là proviendront *noésis*, *noéros* ou encore *noêma*.

Platon fait du *noûs* l'Intellect capable de saisir les intelligibles, c'est-à-dire les Formes. Autrement dit, si l'on considère comme Platon que les Formes sont la structure même du réel – la réalité – alors l'Intellect est cette force de pensée qui est seule en mesure de connaître une telle structure qui, pour être précisément connue, suppose d'aller au-delà de la pensée discursive qui demeure prisonnière d'un certain développement rationnel et linguistique et donc qui se révèle en partie inadéquate pour véritablement saisir l'être lui-même. Néanmoins, par la pensée rationnelle, l'âme peut aider – comme un tremplin – à se tourner vers les intelligibles pour les connaître, bien que la partie rationnelle de l'âme ne soit pas au sens strict le *noûs*.

Intéressante est la reprise par Aristote – décisive chez Plotin – du schéma platonicien. En effet, c'est un lieu commun que de rappeler la rupture du Stagirite à l'endroit des Formes prises en leur sens platonicien.

Si elles étaient séparées des réalités sensibles chez le fondateur de l'Académie, elles structurent *de l'intérieur* les réalités matérielles chez Aristote. Tel est d'ailleurs le cas de l'âme qui est l'*eidos* – la forme – du vivant au sens où elle lui *donne sa forme*, c'est-à-dire qu'elle le structure de l'intérieur et organise sa matérialité. Mieux encore : chez Aristote, la chose n'est pas l'*eidos* mais l'*eidos* fait que la chose est ce qu'elle est ; ainsi un arbre n'est-il un arbre qu'en vertu de son *eidos* par lequel il est un arbre et non une tulipe ni une vache ; se pose alors la question de ce que l'âme peut connaître de l'arbre : elle peut le sentir, le percevoir, en former une image et connaître cette image. Mais sur quoi repose toute image ? Sur l'apparence visible de l'arbre qui n'a cette apparence (*morphè*) qu'en vertu de l'*eidos*, apparence qui est néanmoins impure puisque l'*eidos* n'apparaît pas comme tel : il ne se manifeste qu'à travers la forme visible (*morphè*) qu'il (l'*eidos*) a organisée.

L'âme intellective doit donc dépasser l'âme sensitive et penser l'*eidos* sans le secours des images, ce qui suppose que celui-ci soit le correspondant idéel des choses. Par là même, l'intellect se rapporterait à ces formes en tant que ces dernières seraient idéellement accessibles. Mais une telle affirmation soulève une immense difficulté : l'*eidos* organisant la matière et donc transcendant à l'âme est-il le même que celui auquel l'âme intellective se rapporte de manière idéelle ? Cela revient à se demander : à quoi l'intellect a-t-il affaire ?

L'intellect n'est pas mêlé à la matière chez Aristote qui ajoute dans le traité fondamental *De l'âme* qu'il « semble bien être un genre d'âme différent, et lui seul pourrait être séparé, comme l'éternel du corruptible[37]. » Comprenons bien cet énoncé : cela signifie que *l'Intellect n'est pas mon intellect*, il est *l'*Intellect, *le* noûs en général que mon âme atteindrait lorsqu'elle se fait intellective. Et Aristote de préciser, toujours dans le *De l'âme*, que cette puissance intellective n'est donc pleinement elle-même que lorsqu'elle

---

37. Aristote, *De l'âme*, II, 2, 413b25, traduction Pierre Thillet, Paris, Gallimard, coll. Folio-essais, 2005, p. 108. Traduction légèrement modifiée.

est séparée, que lorsqu'elle ne se confond pas avec l'âme : « C'est seulement lorsqu'elle est séparée qu'elle est précisément ce qu'elle est vraiment, et elle seule est immortelle et éternelle[38]. »

Pour être « immortelle et éternelle », la puissance intellective doit être dénuée de matière et doit être également toujours en acte, donc jamais en puissance. Mais dans ces conditions, que pense l'âme intellective ? Elle pense assurément ce qui est accessible à l'Intellect, soit ce que l'on pourrait appeler l'intelligible. Mais qu'est-ce que l'intelligible chez Aristote ? Nous l'avons dit, ce sont les formes, les *eidè*. Comment l'âme intellective se rapporte-t-elle aux *eidè* ? Aristote emploie une célèbre formule pour y répondre : l'âme est le lieu des formes. Et il ajoute : « ce n'est pas l'âme entière qui est cela, mais l'âme intellective, et les formes n'y sont pas en entéléchie, mais en puissance[39]. »

---

38. *Ibid.*, III, 5, 240a23, p. 167.
39. *Ibid.*, III, 4, 429a28, p. 164.

Ici apparaît la véritable différence entre Platon et Aristote, qui jouera un rôle chez Plotin, à savoir que *le désaccord fondamental porte sur la question de l'âme* : chez Platon, tout vivant a besoin d'une âme pour être en mouvement, y compris le *noûs* qui, en tant que mouvement d'intellection, requiert une animation, donc une âme. Cela revient à dire que le divin au sens platonicien possède bel et bien une âme. En revanche, chez Aristote, Dieu est pur Intellect « s'intelligeant » lui-même – nous y reviendrons –, excluant à ce titre toute forme d'âme qui véhicule toujours la menace d'une puissance. En somme, chez Platon tout intellect doit être porté par une âme, car seule cette dernière peut faire *vivre* une pensée ; par conséquent, le *noûs* divin implique une *psuché* divine, et do Chapitre II : l'intellect et les intelligibles nc un Dieu vivant. En revanche, le Dieu aristotélicien ne possède pas d'âme et la pensée de celui-ci ne requiert aucun support psychologique, aucune *psyché*, seul l'Intellect pouvant être dit immortel – c'est-à-dire divin. C'est la raison pour laquelle nous, humains, ne pouvons avoir les formes qu'en puissance du fait même que, pour nous y rapporter, nous demeurons tributaires du mouvement de l'âme intellective qui, en tant qu'âme, nous maintient dans une certaine puissance, un certain inachèvement, qui nous éloigne du divin.

2) Sens plotinien de l'Intellect

Selon la classification des Ennéades par Porphyre, ce qui concerne l'Intellect est regroupé dans la cinquième Ennéade. Pour pleinement comprendre ce qui s'y joue, il faut avoir en tête quatre éléments cruciaux :

1. Plotin a conscience que le désaccord entre Platon et Aristote porte sur l'âme et toute son analyse vise à trouver une solution médiane entre ses deux maîtres principaux.

2. Néanmoins, l'auteur central pour comprendre ce que va défendre Plotin quant à la *nature* même de l'Intellect est davantage Aristote que Platon.

3. Le fondement de toute la thèse affirme la *triple identité Intellect-Intelligibles (Formes)-être*. L'être, l'Intellect et les intelligibles, donc les Formes, sont la même chose. C'est la même réalité, à savoir la structuration même du réel par laquelle ce dernier est ce qu'il est.

4. L'Intellect, en tant qu'identique aux intelligibles, à l'être, ne peut pas être *mon* intellect, il ne peut pas être un intellect personnel. Si donc l'être est la réalité universelle, et si l'Intellect est l'être, alors l'Intellect en tant qu'intellect universel ne saurait s'identifier à l'intellect individuel mais doit s'ouvrir à l'universalité, tant quant au sujet qu'à l'objet : « […] l'Intellect n'est pas l'intellect d'un seul individu, mais il est l'intellect de tous et, étant l'intellect de tous, il est aussi l'intellect comprenant toutes choses[40]. » Cela se trouve réaffirmé dans le Traité 49[41].

a) La reprise d'Aristote et ses conséquences

Pour comprendre la position de Plotin, il faut d'abord et avant tout se rappeler la position d'Aristote. L'âme a quatre facultés, une faculté végétative – nutrition, production –, sensitive – perception –, appétitive – motrice – et intellective. L'âme intellective humaine est elle-même duelle, et se distribue entre un intellect passif, ou patient, appelé par Aristote *noûs pathétikos*, et

---

40. Plotin, *Ennéade* III, 8 [30], 8, 42-43, p. 43.
41. Cf. Plotin, *Ennéade* V, 3 [49], 3, 24-31, p. 327.

qui, comme son nom l'indique, reçoit les formes depuis les substances. Autrement dit, pour voir les formes qui structurent le monde, encore faut-il les recevoir, encore faut-il une faculté de réceptivité d'ordre intellectuel, et cette réceptivité intellectuelle c'est l'intellect patient qui en est le nom. En outre, il faut comprendre ce que cela veut dire, à savoir que l'intelligence humaine est toujours en attente de son objet et donc qu'elle ne peut s'exercer qu'à la condition de s'exercer sur une réalité extérieure : « intelliger », cela signifie, pour un humain, se rapporter à une extériorité qui impressionne au sens photographique l'intellect patient. Le point de départ de l'intellect humain est passif, et donc impose une extériorité, une dépendance, mais aussi une certaine puissance. L'intellect humain est en puissance, puisqu'il n'intellige pas toujours ; le signe de cela est le fait que l'intellect humain requiert une âme. Autrement dit, l'intellect humain est une faculté de penser, une force qui rend possible la pensée, mais qui ne la rend possible qu'en puissance, ce que prouve le fait même qu'une âme soit nécessaire pour animer le mouvement de la pensée.

Une fois que l'on a reçu les formes, encore faut-il une sorte de force pour les extraire, pour les « abstraire » de la substance et les contempler ; il faut donc un second intellect qu'Aristote nomme « intellect impassible » : son appellation grecque est intéressante, car le « a » privatif du *noûs apathès* signale qu'il est nommé en *opposition au premier*, et que sa première approche est une approche différentielle. L'intellect impassible est donc d'abord l'intellect qui se différencie de l'intellect patient. À cet égard, il convient de se prémunir contre la resémantisation scolastique qui a abondamment diffusé la notion d'intellect agent, comme si cette qualification était présente chez Aristote – ce qu'elle n'est évidemment pas. Nous, humains, avons ainsi deux intellects, un passif qui reçoit les formes et un « impassible » qui exerce une force d'abstraction de la forme et donc de *reconnaissance de celle-ci*.

Pour des raisons qu'il serait trop long de développer, mais qui tiennent en grande partie à l'absence d'âme dans le Dieu aristotélicien – et, corrélativement, à son absence de vie en dépit de traductions parfois égarantes –, Aristote va exclure toute passivité de ce

dernier et donc tout intellect patient. Autrement dit, pour Dieu, l'intelligence divine est pure, en acte, donc achevée, toujours conforme à ce qu'elle a à être, donc toujours connaissante, toujours *intelligeante*. Cela signifie d'abord que l'intelligence divine est toujours en train d'intelliger, et donc que se trouve exclue la possibilité d'une intelligence qui, à un « moment » donné, n'intelligerait pas. Donc l'intelligence et l'intellection comme acte d'intelliger se confondent puisque l'intelligence divine intellige toujours. En outre, si l'intelligence divine intellige toujours, qu'intellige-t-elle ? Quel est l'objet de l'intellection divine ? Quel est son *noéton* ? Assurément l'Intellect comme *noûs* ne peut-il avoir affaire qu'à des intelligibles ; mais ceux-ci sont-ils *autres* que l'intellect divin ? Si oui, alors l'Intellect divin aurait à se rapporter à autre chose que lui-même, et il faudrait admettre deux choses : 1) L'Intellect divin devrait être en partie passif pour recevoir les intelligibles qui lui manquent ; 2) S'il lui manque quelque chose, il devrait être en puissance, car il y aurait un Intellect dont l'intellection serait inachevée, dont l'intellection ne pourrait alors être en acte.

Or, par définition, cela est impossible. Donc l'Intellect divin est en acte, il est toujours intellection et ce qu'il intellige, les intelligibles, ne peut pas *être* autre chose que l'Intellect lui-même. Donc l'Intellect (*noûs*) est identique à l'intellection (*noésis*) qui est elle-même identique à l'intelligible (*noéton*)[42]. Pour le dire autrement, ce n'est qu'en contemplant les formes – l'intelligible – que Dieu est lui-même puisque la contemplation des formes est l'intellection qui est elle-même l'Intellect. En Dieu, donc, *intelliger, c'est être ce qu'il intellige et être l'acte même d'intellection.* Pour le redire avec Aristote, dans le *De l'âme*, « le sujet qui exerce l'intellection et l'objet de l'intellection sont identiques[43]. »

---

42. Nous renvoyons ici à un texte canonique d'Aristote : « Or la Pensée, celle qui est par soi, et la Pensée souveraine est celle du Bien souverain. L'Intelligence se pense elle-même en saisissant l'intelligible, car elle devient elle-même intelligible en entrant en contact avec son objet et en le pensant, de sorte qu'il y a identité entre l'intelligence et l'intelligible : le réceptacle de l'intelligible, c'est-à-dire de la substance formelle, c'est l'intelligence, et l'intelligence est en acte quand elle est en possession de l'intelligible. Aussi l'actualité plutôt que la puissance est-elle l'élément divin que l'intelligence semble renfermer, et l'acte de contemplation est la béatitude parfaite et souveraine », Aristote, Métaphysique Δ, 1072b18-24, traduction Tricot, Paris, Vrin, 1992, p. 681-682.
43. Aristote, De l'âme, III, 4, 430a3-4, op. cit., p. 166.

Tirons-en trois conséquences :

1. Dieu chez Aristote n'est pas doté d'une personnalité ni même d'une identité : ce n'est pas quelqu'un, mais c'est une activité pure. Il est l'Intellect pensant toujours et éternellement ; l'Intellect pensant les intelligibles, et l'Intellect *étant* les intelligibles, alors l'Intellect se pense lui-même et la béatitude divine peut être comprise comme la contemplation intellectuelle de soi. Mieux encore : si les intelligibles sont les formes organisant la matière, et si les intelligibles ne se distinguent pas de Dieu, alors il est possible de dire que le *noûs* divin est partout dans le monde puisque les formes organisent la matière ; si les formes sont identiques à l'Intellect divin alors, mécaniquement, *retrouver les formes revient à retrouver le noûs divin*, conséquence que la scolastique a fini par rendre invisible en dépit de son évidence au regard de la logique conceptuelle aristotélicienne.

2. Plotin demeure platonicien ; de ce fait l'Intellect qui *est* les Formes est en même temps l'être, la réalité même. La réalité divine, pour Plotin, ce sont les

formes et c'est l'Intellect. Donc à l'équation aristotélicienne, Plotin rajoute l'être divin. Et l'être, chez un platonicien, est la vérité ; c'est ce qu'est réellement le réel, et cela s'appelle la vérité, la vérité n'étant donc pas l'adéquation entre une pensée et l'être qui lui serait extérieur, mais la vérité est l'identité être-pensée qui fait que Plotin reprend le cadre fondamental du platonisme pour lequel il serait insensé de distinguer la réalité de la vérité. La réalité est la vérité même de l'être. En termes plus médiévaux, nous pourrions dire que *l'être est l'essence*.

3. Cette équivalence présente une portée d'abord polémique : les médio-platoniciens (platoniciens des Ier et IIe siècles après Jésus-Christ) distinguaient l'Intellect des intelligibles. Un philosophe comme Alcinoos (vers 150) considérait par exemple que les idées intelligibles étaient postérieures à l'Intellect ou, pour le dire plus simplement, que les idées intelligibles étaient *produites* (donc différentes) par l'intellection divine. Contre cette approche médio-platonicienne, Plotin souhaite conférer aux intelligibles une sorte de

subsistance autonome, ainsi que l'indique avec force le Traité 34[44].

Néanmoins un tel raisonnement nous amène mécaniquement à rencontrer une vive difficulté : les Formes sont multiples, et l'Intellect est un. Comment identifier un élément unique à des formes multiples, dès lors que l'Intellect est présenté comme ontologiquement identique à l'intelligible ?

b) De la contenance à l'identité

L'essentiel des arguments qui vont suivre auront une résonance aristotélicienne. Prenons, pour conceptualiser le rapport de l'Intellect à pluralité des Formes, un passage du Traité 32 :

« Mais si la réflexion n'est pas introduite en lui de l'extérieur, s'il pense quelque chose, c'est par lui-même, et s'il possède quelque chose, c'est par

____

44. « Elles [les réalités intelligibles] n'existent pas parce que celui qui pense, dès lors qu'il pense chacune d'elles, leur donne par suite l'existence par cette pensée même. Ce n'est pas en effet parce que l'on a pensé ce que peut être la Justice que la Justice existe ; ce n'est pas non plus parce que l'on a pensé ce que peut être le mouvement que le mouvement existe », Plotin, Ennéade VI, 6 [34], 6, 7-10, p. 303-304.

lui-même. Et s'il pense par lui-même et à partir de lui-même, il est lui-même ce qu'il pense. Car, si sa réalité et ce qu'il pense étaient deux choses distinctes, sa réalité serait, en elle-même inintelligible, et il serait donc encore une fois en puissance, non pas en acte[45]. »

Le raisonnement, d'inspiration aristotélicienne, est mené par l'absurde. Plotin reprend l'Intellect aristotélicien en acte et non en puissance : de ce fait, l'Intellect pense ce qu'il a à penser et rien de ce qu'il y a d'intelligible ne lui demeure étranger. En d'autres termes, l'Intellect en acte pense et connaît toutes les réalités intelligibles, donc tout ce qui *est* au sens platonicien du terme. Mais supposons à présent que ces réalités intelligibles soient autres que l'Intellect : cela impliquerait que l'Intellect, en pensant ces réalités, ne se penserait pas lui-même. Il serait donc en puissance vis-à-vis de lui-même, ce qui est impossible pour un Intellect en acte. Donc l'Intellect *contient* les réalités intelligibles.

Mais pourquoi passer d'un rapport de *contenance à un rapport d'identité* ? Pourquoi passer de l'idée selon

---

45. Plotin, *Ennéade* V, 9 [5], 5, 4-9, p. 203.

laquelle l'Intellect *contient* les intelligibles à l'idée selon laquelle il *est* les intelligibles ? Et comment comprendre la possibilité que le multiple s'identifie à l'unité ? Le langage est ici égarant parce qu'il nous invite à nous représenter la notion de contenance de manière sensible ; et il est exact que *dans les réalités sensibles, le contenant n'est pas le contenu.* En revanche, si l'on s'élève à un raisonnement intelligible et que l'on ne raisonne donc plus du point de vue de ce qui se sent, et *donc de ce qui se partitionne*, mais que l'on raisonne au niveau de ce qui est affranchi de toute étendue sensible, alors il en va tout autrement. Imaginons que je prenne une main et un gant : le gant contient du point de vue sensible la main et de ce point de vue là la main et le gant diffèrent. Cela veut dire : ils n'occupent pas la même place. Si je m'élève maintenant au niveau des formes, et que je me demande pour quelle raison le gant peut contenir la main, il m'apparaît que cela n'est possible que parce que le gant et la main ont une même forme, et ce dans les deux sens du terme « forme ». En d'autres termes, c'est l'identité de nature entre le gant et la main qui rend possible leur contact et, plus encore, leur rapport de contenance. Il en

va de même pour des réalités intelligibles qui n'ont de sens que comme pures formes : l'Intellect ne peut contenir les intelligibles que s'ils ont une même nature, que si leur nature est identique. Or, du point de vue des formes, avoir une même nature signifie être identique.

Toutefois ce raisonnement ne lève pas toutes les hypothèques : les formes intelligibles sont en effet multiples, et elles sont toutes dans l'Intellect, mais l'Intellect est singulier. On a donc un Intellect qui *est* la réalité, qui est toutes choses. Affirmer leur identité, c'est affirmer l'identité de l'unicité et de la multiplicité, ce qui est particulièrement troublant. Comment la pluralité peut-elle être identique à l'unicité ? Il y a là une difficulté considérable qu'il faut affronter comme telle. Celle-ci se redouble si l'on admet que cette identité est parfaite, car, en toute rigueur, si les réalités intelligibles sont l'intellect, alors *il y a autant de réalités intelligibles qu'il y a d'intellects* et la notion même d'intellect doit s'ouvrir à la multiplicité.

La clé se trouve dans l'incontournable Traité 10, notamment le chapitre 4, qui va permettre de comprendre ceci, à savoir que l'identité entre l'être et le *noûs* doit être relativisée, ainsi que le préciseront ultérieurement les Traités 32 et 49. De manière très subtile, Plotin va introduire une relation dynamique entre l'Intellect et l'être qui va résoudre l'ensemble des difficultés et qui va permettre de comprendre que *si l'Intellect est identique en nature aux intelligibles, car le tout ne saurait différer des parties, l'être et la pensée doivent être néanmoins maintenus dans leur différence.* C'est là le cœur du chapitre 4 du Traité 10[46] qui offre un texte remarquable, au fond très hégélien ou très propice à comprendre ce que Hegel appelle l'identité : si l'identité est un processus dynamique, c'est donc qu'elle présuppose la différence. On affirme de deux choses *différentes* l'identité. L'affirmation d'une identité présuppose deux éléments différents, ce qui se comprend fort bien quand je dis « A=B ». A et B sont deux éléments différents dont se trouve affirmée l'identité. Partant, si je dis que la pensée est identique à l'être, je dois pouvoir penser l'identité dans la différence, bien que je doive en même temps penser le

---

46. Cf. Plotin, *Ennéade* V, 1 [10], 4, 21-39, p. 159-160.

procès d'identification, donc le mouvement par lequel s'identifient deux entités initialement posées comme distinctes. Par conséquent, dès que je commence à penser les intelligibles, je dois disposer d'une série de concepts sans lesquels ceux-ci demeurent incompréhensibles : différence, identité, mouvement. En somme, ce que comprend Plotin, c'est que *l'identification n'implique pas l'indistinction : la pensée et l'être peuvent être distingués bien qu'ils soient identiques.* Autrement dit, l'Intellect se distribue en deux branches : le fait même de penser, le sujet pensant, donc l'intellection ou l'intelliger, et ce qui est pensé, l'objet. Pour le dire autrement, la réalité fondamentale est le *noûs* ; mais le *noûs*, comme réalité fondamentale, se distribue en intellection et en intelligible, en *noésis* et en *noéton* et, de ce point de vue, on peut *distinguer* l'intellection de l'intelligible, le sujet pensant de l'objet pensé. Pour le dire encore autrement, la réalité fondamentale est le *noûs* par lequel s'opère une coïncidence entre l'être et la pensée qui sont pourtant distincts.

c) Ce dont Plotin hérite : Parménide et Platon par-delà Aristote

Au sein même de ce qui précède s'entend l'écho de Parménide : reprenant le célèbre paragraphe 3 du *Poème* de Parménide affirmant que « le même, lui, est à la fois penser et être [*to gar auto noein estin te kai einai*][47] », Plotin radicalise l'énoncé de son devancier. Alors que chez Parménide il s'agissait d'affirmer la non-séparabilité de l'être et de l'intellect, Plotin, lui, va infiniment plus loin que la non-séparabilité et affirme l'identité de l'être et de l'intelliger qui appartiennent à la même réalité. Mais une telle radicalisation n'est intelligible qu'à la condition de distinguer l'Intellect de l'intellection ou de la pensée. La réalité fondamentale, c'est l'Intellect, c'est le *noûs*. À ce titre, ce dernier est unique, éternel et immuable et cette réalité unique constituera ce que Plotin appelle une hypostase. Pourtant, celle-ci se distribue d'une part selon la pensée, c'est-à-dire l'intellection, et d'autre part selon l'être, c'est-à-dire selon les formes. Ainsi, affirmer que

---

47. Parménide, *Poème*, § 3, édition de Jean Beaufret, Paris, PUF, coll. Épiméthée, 1955, p. 79.

l'être et la pensée – l'intellection – sont identiques, c'est affirmer qu'ils ont une même nature, une même essence, à savoir celle de l'Intellect. « L'intellect, écrit Joachim Lacrosse, est donc une seule hypostase, une seule nature, mais une chose unique qui se dédouble aussitôt en être et en intelliger [...][48]. »

Mais Parménide ne suffit pas à rendre compte de ce dont parle Plotin ; il y a ici des références explicites à l'ontologie platonicienne et donc au *Sophiste* ainsi qu'au *Parménide*. Dans le *Sophiste*, Platon comprend déjà que l'intelligible, bien qu'éternel, immuable et soustrait au temps, ne peut pas être pensé selon la seule identité. « Les genres [*génê*] les plus importants [*mégista*], écrit Platon, sont, assurément, ceux que nous venons de parcourir ; l'être lui-même, le repos et le mouvement[49]. » Et le fondateur de l'Académie de préciser aussitôt :

---

48. Joachim Lacrosse, *op. cit.*, p. 169.
49. Platon, *Le Sophiste*, 254d, traduction Nestor Cordero, Paris, GF, 1993, p. 171.

« Or, chacun d'eux est autre que les deux autres, et même que lui-même. (…).

Qu'est-ce que nous venons de faire, à notre tour, en disant "même" [*tauton*] et "autre" [*hétéron*]. S'agit-il de deux genres différents des trois autres, mais toujours entremêlés forcément à ceux-ci, et, par conséquent, notre recherche devait porter sur cinq et non plus sur trois, ou bien "même" et "autre" ne sont que deux noms que nous appliquons inconsciemment aux genres précédents ?[50] »

Là se révèlent des textes canoniques sur le fait que le platonisme ne réduit pas l'intelligible à l'identité, ne serait-ce que pour une raison que l'on a longuement étudiée, à savoir que l'âme anime l'intellect et donc que le mouvement est en jeu. Par ailleurs, dans les intelligibles, il ne peut y avoir que des intelligibles ; donc si les intelligibles ont des genres (*génê*), c'est donc que les genres sont des formes, sont des *eidè*. Mais tous les *eidè* ne sont évidemment pas des genres.

---

50. *Ibid.*, 254d-e, p. 172.

Quoi qu'il en soit, le *Sophiste* répertorie cinq genres principaux : être, repos, mouvement, identité et différence. Ces genres sont des structures fondamentales de l'être, sont eux-mêmes sans doute des formes – le débat sur le sujet excède de loin notre propos – et sont des intelligibles.

Plotin reprend les cinq genres platoniciens, et utilise l'argumentation suivante pour exhiber la nécessité de ces cinq genres : s'il y a un sujet pensant, c'est-à-dire une intellection, il y a donc un mouvement ; à ce titre, Plotin ne choisit pas l'option aristotélicienne puisque le mouvement semble absolument nécessaire pour rendre compte de *toute* intellection. Par ailleurs, l'intelligible comme objet de connaissance doit être pensé comme immobile, ce sans quoi il n'y aurait pas de réalités intelligibles ; il faut donc disposer du « repos », ce sans quoi il n'y aurait que du devenir. Par ailleurs, le sujet pensant qui relève du mouvement diffère de l'objet pensé qui relève du repos ; on a donc besoin de la « différence ». Mais la *coïncidence de l'être et de la pensée* quant à leur nature suppose l'« identité ».

Enfin, l'homogénéité du monde intelligible c'est-à-dire, au fond, du *noûs* qui se connaît lui-même dans la différence, suppose la notion d'« être » qui parachève l'ensemble. On a donc bien une unité ontologique du *noûs*, mais cette unité ontologique n'exclut pas la pluralité des genres de l'être et le *Sophiste* fournit à Plotin l'outillage conceptuel pour penser cette pluralité.

Concluons rapidement ce second chapitre. On comprend fort bien que l'Intellect, le *noûs*, a beau entraîner la coïncidence de l'être et du penser, il n'est pas pour autant l'identité absolue, et donc ne relève pas de l'Un pour le dire en termes plotiniens. De ce fait, *comprendre le* noûs, *c'est comprendre qu'il n'est pas la réalité suprême puisque subsistent en lui des traces de pluralité et de différence.* On doit donc remonter à ce que Plotin appelle « la cause de la pensée » et la cause de l'être, à savoir l'Un.

Chapitre III :
des trois hypostases qui ont rang
de principes à la matière

Si l'on regarde le chemin parcouru, on se rend compte de ceci, à savoir que s'établit un procédé de remontée depuis les corps matériels, dont on a compris qu'ils étaient informés par les raisons, qui elles-mêmes ne sont pensables que relativement à l'âme du monde qui diffuse les intelligibles sous forme de raisons dans la matière, ce qui suppose de remonter aux intelligibles, ce qui fait découvrir l'Intellect dont l'examen nous amène à penser la « cause », à savoir l'Un.

Un tel parcours est de nature *ascensionnelle* et permet à l'âme de partir des corps pour se hisser jusqu'à la cause de l'Intellect, à savoir jusqu'à l'Un.

Cette remontée porte un nom chez Plotin, il s'agit de l'*épistrophè*, de la « conversion » par laquelle le fait même de se tourner vers l'Un vaut remontée vers ce dernier ; ainsi, se *convertir signifie remonter progressivement vers le principe premier de toutes choses*, ce que décrit le chapitre 4 du Traité 32 :

« On a dit qu'il faut donc remonter à l'unité et à l'unité véritable, qui ne soit pas une comme le sont les autres choses qui, tout en étant multiples, deviennent unes parce qu'elles participent à l'Un – il faut saisir ce qui n'est pas un par participation et ce qui n'est pas davantage un que multiple –, et on a dit que le monde intelligible et l'Intellect sont plus uns que le reste et que rien n'est plus près de l'Un lui-même, sans pourtant être l'Un dans toute sa pureté. Mais ce qu'est l'Un pur, réel et absolu, nous nous languissons de le contempler maintenant, s'il se peut. Parvenus ici, il faut donc s'élancer vers l'Un et ne plus rien lui ajouter[51]. »

---

51. Plotin, *Ennéade* V, 5 [32], 4, 1-9, p. 146.

1) Du *Noûs* à l'*Hên* – et retour

Tout le Traité 32, ainsi qu'une grande partie du Traité 49 s'occupe de la question suivante : pourquoi le *noûs* n'est-il *pas* la réalité suprême ? Cela revient à se demander quel est le rapport entre l'être et l'Un. Il faut ici repartir de la question du *noûs* et comprendre exactement quelle est son activité, c'est-à-dire creuser à nouveau le sens même de l'intellection des intelligibles. N'oublions pas que, par nature, l'Intellect est identique à l'intellection qui est elle-même identique aux intelligibles ; donc, *en connaissant les intelligibles, l'Intellect se connaît lui-même, la connaissance de l'être étant une connaissance de soi. Mais, pour se connaître lui-même, l'Intellect se connaît comme activité noétique, comme intellection. L'Intellect se rapporte donc à lui-même* – se connaît lui-même puisque le seul rapport dont le *noûs* est capable est le rapport noétique – *en tant qu'intellection des intelligibles.* On a ainsi une *identité à trois termes,* parfaitement cohérente, qui révèle le fond du problème : *connaître, c'est scinder. Connaître implique une distinction entre le sujet connaissant comme intellection et l'objet connu en ceci que toute connaissance implique une distinction ; donc, toute connaissance est incompatible avec une réalité parfaitement Une, avec l'Un. Là gît le cœur du problème : l'Un échappe par nature à toute connaissance, car connaître l'Un, ce serait en faire un objet de connaissance, donc introduire d'emblée un objet à connaître et un sujet connaissant. L'Un est donc par principe au-delà de toute connaissance, de tout discours, de toute noétique.*

Mais cela ne suffit pas ; il faut approfondir ce point. Que cherche à connaître l'Intellect ? Lui-même. Donc, d'une certaine manière, le sens même de la démarche du *noûs* est celui de l'Un : connaître l'Unité. Mais le fait même que cette démarche soit noétique, et donc relève de la connaissance dont on vient de montrer qu'elle était structurellement porteuse de scission, indique un échec, et la preuve de cet échec est l'introduction de la différence et des genres de l'être. Autrement dit, l'Intellect veut l'Un et ne tombe que sur lui-même, cet échec découvrant certes l'être et la pluralité de ses genres, mais occultant ce vers quoi il se tourne, à savoir l'Un. L'Un n'est pas noétiquement accessible et on ne peut rien en dire.

Ainsi, quant à la conversion se trouvent désormais comprises deux choses essentielles : l'Intellect se tourne vers son principe supérieur, vers l'Un car l'Intellect sait qu'il provient de l'Un. Mais il sait en même temps qu'il ne peut rien dire de l'Un si ce n'est qu'il est le principe suprême et donc que la connaissance de soi de l'Intellect est une image dégradée de l'Un, dégradée puisque parcourue par la différence et la scission du sujet et de l'objet, du penser et de l'être. Bref, l'Intellect comprend à la fois qu'il n'est pas la réalité suprême et en même temps que la réalité suprême ne relève pas de l'Intellect.

Mais cette perspective est uniquement celle de la conversion, donc celle de la remontée vers l'Un. Or, il y a dans le plotinisme un double mouvement qui impose de penser également la procession (*proodos*), c'est-à-dire la diffusion depuis l'Un de toutes choses. Mais cette procession est d'emblée mystérieuse car, autant il paraît compréhensible que l'âme cherche à retrouver son origine par une série de conversions, autant l'Un comme réalité ultime et parfaite ne semble pas compatible avec la production d'une multiplicité, et ce depuis l'Intellect jusqu'à la profusion de la matière. L'origine ultime de toutes choses constitue à cet égard un véritable mystère.

Il faut ici garder en mémoire un élément mentionné dans l'introduction, à savoir le concept de création *ex nihilo*. En promouvant cette notion, certains chrétiens – pas tous, il s'en faut de beaucoup ! – ne firent que donner une solution absurde à un problème qui tourmentait l'intelligence humaine depuis fort longtemps : comment peut-il y avoir du multiple dès lors que l'on admet une origine une et parfaite, c'est-à-dire achevée, ne manquant de rien et ne manquant en particulier pas d'une inconcevable altérité ? Loin des concepts impliquant la création – qu'il s'agisse du gnosticisme ou du christianisme en général –, Plotin maintient une forme de *continuité* entre l'Un et ce qui en procède immédiatement, à savoir l'Intellect ; de ce fait, si l'Un est bel et bien *cause* de ce dernier, il ne saurait en être le *créateur*. Toute la difficulté consiste dès lors à comprendre pour quelle raison l'Un sortirait de lui-même ou, plus exactement, *se diffuserait sous la forme de l'Intellect*, apportant ainsi mécaniquement la scission inhérente à tout acte noétique et se perdant lui-même dans la multiplicité qu'il aurait pourtant produite.

La seule solution que l'on peut adopter est celle d'une *surabondance* de l'Un qui, par une sorte de dépassement de lui-même, se donnerait *au-delà de lui-même en donnant ce qu'il n'a pas*, requérant qu'il y eût précisément quelque chose d'*autre* que l'Un. Ainsi, par surabondance, l'Un qui n'a pas l'Intellect produirait pourtant ce dernier, grâce auquel l'Un se donnerait à lui-même sous forme noétique – nous verrons à la fin de l'ouvrage que, sous cet angle, l'Un apparaît comme Bien. À cela s'ajoute un élément assez complexe, d'ordre presque culturel voulant que, pour un Grec, une réalité parfaite ne saurait être stérile ; autrement dit, *la perfection d'une réalité implique sa productivité*. Donc, du fait même que l'Un est réalité suprême, il doit produire quelque chose mais, en tant qu'unité parfaite, il ne peut produire que par surabondance, le paradoxe étant que, pour l'Un, produire c'est se perdre soi-même, car c'est perdre l'unité fondamentale et introduire de la dualité.

Ainsi se comprennent trois points cruciaux du plotinisme :

1. L'activité même de l'Intellect, à savoir l'intellection, est la recherche d'une unité : l'Intellect veut se connaître soi-même et cette intellection indique le principe d'où provient la réalité de l'Intellect : de ce fait, si l'Intellect recherche l'unité, c'est donc que son principe est l'Un.

2. Cette recherche d'unité est un échec en ceci que l'Intellect ne se connaît lui-même que sous l'angle de la pluralité, c'est-à-dire sous l'angle d'une intellection se rapportant aux intelligibles, éléments différents que l'Intellect saisit sous l'angle de l'identité et dont il assure la coïncidence. De ce fait, l'unité *connue* par le *noûs* n'est pas l'Un et il en découle immédiatement que *l'Un est au-delà de l'être et donc au-delà du connaissable*. À ce titre, il n'est pas certain qu'il y ait au sens strict une hénologie chez Plotin, car une hénologie supposerait un discours sur l'Un ou une science de l'Un ; or, cela est par principe impossible, et fait donc douter de la présence d'une hénologie ; il serait plus rigoureux de parler d'une

hénologie négative au sens où on ne peut rien dire de l'Un directement ; on ne peut parler de l'Un que par sa production, à savoir l'Intellect.

3. Si l'Un ne peut être ni connaissable ni objet de discours, cela fait douter du fait que le plotinisme ne soit qu'une philosophie ; en effet, ce couronnement de la pensée plotinienne par une réalité suprême échappant à toute pensée, fût-elle celle de l'Intellect divin, semble jouer en la faveur d'une possibilité imprévue, à savoir que le plotinisme soit *aussi* une mystique permettant d'atteindre un *savoir qui ne serait pas une connaissance*[52].

2) Les produits de l'Un : du *Noûs* aux corps matériels

Ce qui précède signifie que, d'une certaine manière, tout ce qui est relève à un certain niveau de l'Un, car l'ontologie de Plotin est *continuiste* et révèle que toute chose, à des niveaux différenciés, procède à son niveau de l'Un originaire. Autrement dit, l'Un est le principe de toutes choses, mais cela n'implique pas que toutes choses

---

52. Un commentateur comme Émile Bréhier a longuement insisté sur la portée mystique du plotinisme, notamment dans le chapitre 8 de *La philosophie de Plotin*. Cf. Émile Bréhier, *La philosophie de Plotin*, Paris, Vrin, 1990.

entretiennent un rapport identique au principe premier. Cette notion de principe premier implique de comprendre immédiatement ce que l'on appelle des hypostases.

a) La notion d'hypostase

Il faut ici mener une série d'analyses précautionneuses ; le terme d'hypostase figure dans les textes de Plotin, mais Porphyre, dans sa classification et ses titres, en fait un usage différent de celui de Plotin. Hypostase vient du grec *hupostasis* qui signifie littéralement « ce qui se tient en dessous » et dont le strict équivalent latin est « substance ». Le sens originaire grec de l'hypostase est un sens médical et désigne un sédiment dans les urines ou un dépôt sanguin dans les poumons. C'est un sens très matériel qui n'est pas du tout philosophique et qui renvoie bien plus volontiers à un dépôt de matière se suffisant à lui-même. Mais cela ne suffit guère à comprendre son usage courant. Le terme se trouve par exemple chez Aristote et signifie « sédiment, dépôt » de manière fort classique. Il n'a donc aucun sens philosophique chez ce dernier.

En revanche, chez Plotin on dénombre cent vingt emplois du mot *hupostasis* répartis dans vingt-huit traités. Cela invite à approfondir l'entente que l'on peut en avoir : si l'on décortique le terme, *hup* renvoie à l'idée d'un support, d'un dépôt ou d'un fond ; puis à l'idée d'une sédimentation ou d'une concrétion. Cette transformation implique le passage d'un stade statique à un stade dynamique. Le terme désigne également un acte de propriété permettant de fonder l'authenticité d'une possession, voire de désigner la chose possédée elle-même en tant que *réellement* possédée. Dans la *Septante* on en trouve de tels emplois. Dans l'*Épître aux Hébreux*, I, 3, figure le plus ancien usage philosophique du terme, puisque le Fils de Dieu est appelé *charactère tos hupostaseos*. Le terme peut également désigner la fermeté de caractère.

Au total, transparaît dans la notion d'hypostase l'idée de solidité, de fondement, d'enracinement, de *stabilité*. C'est en ce sens que l'emploie Plotin qui y condense à la fois la fermeté et la portée autonome d'une réalité fondatrice ; au fond, chez Plotin, « hypostase » signifie

quelque chose comme « fondement existentiel » et, de ce fait, dire d'une réalité qu'elle dispose d'une hypostase revient à dire que l'on a affaire à quelque chose de réellement existant et consistant, bref à ce que les Latins eussent appelé une *res*.

Mais la difficulté que nous allons rencontrer tient à ceci que Porphyre va donner aux Traités des titres qui vont légèrement infléchir la question et réserver le terme d'hypostase à trois niveaux de l'Un : l'Un lui-même, le *noûs* et l'âme. Par conséquent, en réduisant l'extension de l'hypostase pour en faire des « rangs » de réalités différenciées, Porphyre va conférer au plotinisme un aspect trinitaire qu'il n'avait pas nécessairement, en tout cas pas de manière aussi marquée ; le paradoxe est que la forme trinitaire fera partie de ce que reprendront les chrétiens avec l'idée que le Dieu trine se distribue en trois « personnes » (traduction latine de la notion d'hypostase), à savoir le Père, le Fils et le Saint-Esprit.

Une telle identification trinitaire soulève de nombreuses difficultés, à commencer par celle concernant l'Un : comment ce dernier peut-il être une hypostase alors même qu'il est absolument simple, qu'il est au-delà de l'être et donc qu'il est impossible de dire qu'il existe ? En effet, lui attribuer un fondement existentiel constitue un discours sur l'Un et donc une *contradictio in terminis*. Comment l'Un peut-il être quelque *chose*, quelque *res*, s'il est absolument simple ? C'est tout le problème du Traité 39 qui, par cohérence, refuse d'attribuer à l'Un quelque existence que ce soit, car ce serait faire retomber l'Un dans l'être et donc briser toute cohérence du discours. À vrai dire, apparaît justement le problème du *discours* que l'on peut tenir sur l'Un : en toute rigueur, étant au-delà de toute noèse, de toute connaissance du *noûs*, celui-ci ne peut rien en dire. Mais, du fait même que l'on soit dans une philosophie discourant de la nature des choses, il convient *malgré tout* d'en parler d'autant plus que, si l'Un n'existait d'aucune manière, on ne pourrait en faire un principe suprême ; il faut donc qu'il existe, mais pas au sens où le comprend l'Intellect, pas au sens de l'être[53]. Il y a ainsi ce que Plotin appelle une « sorte

---

53. Jean-François Pradeau dit fort justement que si l'on ne peut pas parler *de* l'Un, on peut parler *sur* l'Un.

d'existence » (cf. Traité 39, 7, 47), *he hoion hupostasis autoû*, c'est-à-dire quelque chose en lui qui le fait être, mais pas au sens de l'être tel que le connaît l'Intellect. À bien des égards, donc, c'est une erreur de dire de l'Un qu'il *est*, mais c'est une *absurdité* que de lui dénier toute forme d'existence.

Absurdité, écrivons-nous, en ceci que le terrain sur lequel se fait sentir la nécessité de l'Un – en tout cas dans l'optique philosophique – est un terrain purement *logique*. En effet, l'Un est bien la première hypostase- mais il l'est en un sens que l'on ne peut pas saisir, bien qu'on puisse saisir la *nécessité qu'il y ait une première hypostase articulée autour de l'unité suprême*[54]. La nécessité de l'affirmation de l'Un n'implique ainsi pas la connaissance de ce dernier, mais permet d'éviter l'autovalidation ruineuse de l'Intellect par lui-même. En outre, l'Un obéit à une sorte de processus causal : une cause doit le faire « être » ; mais cette cause ne peut être que lui-même, ce sans quoi ce ne serait pas

---

54. Cf. Notamment Plotin, Ennéade V, 4 [7], 1, passim.

l'Un ; par conséquent, l'Un est d'une certaine manière *causa sui*[55].[56]

L'Intellect constitue quant à lui la seconde hypostase ; le *noûs* est donc la seconde réalité, réalité dont l'activité consiste à connaître, et dont l'objet *est* les intelligibles. Enfin, il y a une troisième réalité qui n'est pas l'Intellect, mais qui est l'âme, dont le principe est toutefois l'Intellect puisque le principe est l'origine.

---

55. Sur l'importance et la portée de cette notion, cf. Jean-Marc Narbonne, « Plotin, Descartes et la notion de *causa sui* », *Archives de Philosophie*, vol. 56, no 2, 1993, pp. 177-195 ; Thierry Gontier, *Descartes et la causa sui. Autoproduction divine, autoproduction humaine*, Paris, Vrin, 2005 et Thibaut Gress, *Descartes et la précarité du monde. Essai sur les ontologies cartésiennes*, Paris, CNRS Éditions, 2012.

56. Jean-François Pradeau résume les deux gains théoriques que permet d'obtenir l'Un en dépit des difficultés que soulève ce dernier : « Cela revient également à fonder ontologiquement l'être et la connaissance, et faire qu'ils ne soient plus ni dans la situation de se confirmer eux-mêmes, comme c'est le cas dans une théorie de la connaissance qui attendrait de l'intellect qu'il confirme l'existence ou la vérité de ce qui est, qu'il le vérifie, ni non plus dans la situation où l'un échapperait à l'autre, comme c'est le cas dans une théorie de la connaissance qui affirmerait que l'intellect peut ne pas saisir l'être », Jean-François Pradeau, *Plotin, op. cit.*, p. 124.

L'Intellect apparaît de ce fait comme le pivot des hypostases, car il est à la fois le produit de l'Un et le producteur de l'âme.

b) De l'âme comme hypostase à la pluralité des âmes

L'âme constitue la troisième hypostase, le troisième niveau de réalité stable, le troisième niveau de solidité. Cela engage une réflexion sur la question de la pluralité des âmes ou, plus exactement, sur la pluralité du *sens* de l'âme. L'âme dont nous allons parler dans un premier temps est l'âme comme hypostase, comme réalité fondamentale, comme produit de l'Intellect, et cette âme est nécessairement unique en tant que niveau existentiel.

Le Traité 27, fondamental pour comprendre la réflexion de Plotin consacrée à la psychologie, est dénué d'équivoque : il y a l'âme comme hypostase, et il y a les autres âmes, qu'il s'agisse de l'âme du monde ou des âmes individuelles, ce qui revient à dire que *l'âme comme hypostase n'est pas l'âme du monde.* « Car, écrit Plotin, c'est parce que toutes les âmes viennent de la même Âme dont vient aussi l'âme du monde, qu'il y a sympathie entre elles. Oui, on a bien expliqué qu'il y a à la fois une âme unique et plusieurs âmes[57]. »

De fait, Plotin a en effet expliqué que l'âme comme hypostase ne pouvait pas être l'âme *de quelque chose* ; autrement dit, l'âme comme hypostase n'a pas de complément, car elle est une hypostase, une substance, et elle ne peut dans ce cas devenir l'attribut d'autre chose. Ce serait en effet contradictoire d'avoir une substance qui se soutient elle-même et qui serait en même temps le soutien *d'autre chose*. Tel est l'argument du chapitre 2 dans lequel Plotin explique que les âmes individuelles et l'âme du monde appartiennent à la même espèce, à savoir l'âme en tant qu'hypostase, car « l'âme dans sa totalité n'est pas l'âme de quelque chose, puisqu'il s'agit bien sûr d'une substance, en admettant qu'il existe une âme qui n'est en aucune façon l'âme de quoi que ce soit, et des âmes, qui toutes sont les âmes de quelque chose, et qui le deviennent à

---

57. Plotin, IV, 3 [27], 8, 3-4, p. 74.

un moment donné par accident[58]. » Plotin retrouve ici l'argument aristotélicien des *Catégories* selon lequel une substance ne peut pas être prédiquée d'autre chose sous peine de ne plus être une substance ; quelque chose est une substance, mais une substance n'est pas la substance de quelque chose, ce sans quoi la substance deviendrait accident et ne serait plus substance.

On dispose ainsi d'une sorte de niveau existentiel fondamental qu'est l'âme en tant qu'hypostase, en tant que substance, qui est en somme âme « universelle », tandis que toutes les autres âmes, y compris l'âme du monde, en sont des « parties », à condition évidemment de se prémunir contre la vision matérielle des parties qui ne sont pas, dans le cas présent, un partage. En somme, cela revient à affirmer que toutes les âmes appartiennent à une âme de même espèce.

De ce fait, le régime des âmes par rapport à l'âme comme hypostase rappelle le régime inhérent à l'Intellect et au rapport des intelligibles à ce dernier. On se souvient

---

58. *Ibid.*, 2, 5-11, p. 63.

que l'Intellect comme réalité fondamentale se distribuait en intellection et en intelligibles, en penser et en être ; il en va de même pour l'âme comme hypostase qui se distribue en âme du monde et en âmes individuelles, ce que résume fort bien Plotin à la fin du chapitre 5 du Traité 27 :

« Voici donc le résumé de la thèse. Les âmes sont issues d'une seule Âme, et ces âmes issues d'une seule Âme sont plusieurs de la même façon que l'Intellect. C'est de la même façon qu'elles sont divisées en partie et qu'elles ne le sont pas. Et l'Âme qui reste là-bas est la raison unique de l'Intellect, et c'est de cette Âme que sont issues les raisons particulières et immatérielles, tout comme c'est le cas là-bas[59]. »

Puisque l'on a compris que Plotin parlait tantôt de l'âme hypostase, tantôt des âmes, nous devons à présent insérer cette distinction dans les questions de conversion et de procession ; en toute rigueur, le mouvement général de l'âme concerne celui de l'âme

---

59. *Ibid.*, 5, 15-18, p. 70.

comme hypostase ; c'est elle que nous devons en effet penser selon deux mouvements, selon d'une part le mouvement de conversion – *épistrophè* – et, d'autre part, selon le mouvement de procession. En outre, comme l'Intellect, et en tant que réalité parfaite, l'âme doit être à la fois le produit de l'Intellect et *productrice* de quelque chose. Mais que produit-elle puisque selon la classification de Porphyre il n'y a que trois hypostases et donc aucune hypostase après l'âme ?

Avant d'y répondre, comprenons que le partage que nous avions effectué entre âme du monde et âmes individuelles n'est intelligible qu'à la mesure de l'âme comme hypostase. Par ailleurs, l'âme comme hypostase semble contenir la raison même de l'Intellect ; mais elle ne peut pas contenir la raison de toute individualité ; de ce fait, nous sommes ramenés à la dualité des *logoï* dont nous avons déjà parlé au cours du premier chapitre : il y a les raisons « pures », c'est-à-dire exclusivement inhérentes aux Formes, et il y a les raisons individuantes qui vont nécessiter l'intervention des âmes particulières qui en seront les véhicules. Enfin, rappelons-nous également que l'âme au sens plotinien possède plusieurs facultés ou plusieurs niveaux : végétative, sensorielle, appétitive et rationnelle. Toutes ces « parties » sont liées, et c'est cette liaison même qui rend possible la remontée du bas vers le haut et qui permet à l'âme comme hypostase de retrouver l'Intellect comme principe ; néanmoins, il semble que cette tripartition de l'âme se retrouve dans toutes les âmes de même espèce ; autrement dit, l'âme comme hypostase est comme le *patron des âmes*, de sorte que la structure psychologique est donnée par l'hypostase tout en se retrouvant en chaque âme, qu'il s'agisse de l'âme du monde ou des âmes individuelles. Partant, le rapport de l'âme à l'Intellect est le même que celui des âmes aux intellects « parce qu'elles sont les "raisons" de ces intellects et qu'elles sont plus déployées que ne le sont ces derniers [...][60]. »

c) Conversion et procession : le double mouvement de l'âme

L'enjeu du présent développement vise d'abord et avant tout à cerner la fonction de la partie supérieure de

---

60. *Ibid.*, 5, 9-10, p. 70.

l'âme, à savoir sa partie rationnelle ; nous avons précédemment indiqué que le *logos* supposait un contenu, le développement même d'un contenu rendant possible une pensée discursive. Celle-ci est fondamentalement l'exercice de la partie supérieure de l'âme. Ce faisant, l'âme cherche à penser les intelligibles, les formes, mais elle ne peut les saisir de manière intuitive ; elle est donc toujours séparée des intelligibles par la discursion, par la *dianoia*, par le *logos*, ce qui veut dire que le contenu rationnel est à la fois ce qui mène aux intelligibles et en même temps ce qui l'en sépare. Analogiquement, cela se comprend par le chemin et l'arrivée ; il est impossible de parvenir à un certain point sans emprunter un certain chemin, mais le fait même qu'il y ait besoin de parcourir le chemin signale à quel point on est distant du point d'arrivée. À cet égard, la conversion de l'âme vers l'Intellect permet à celle-là de se tourner vers celui-ci qui se révèle être son principe ; mais si l'âme reconnaît son principe, elle n'accède pas pour autant aux intelligibles de la même manière que l'Intellect : elle n'y accède que par voie discursive et se tient donc à distance de ces derniers – la distance du raisonnement.

L'âme est donc décrite comme « une image de l'Intellect[61] » : la *psyché* est *eikôn* du *noûs* ce qui revient à dire qu'elle *est* l'Intellect tout en ne l'étant pas. Comment résoudre ce paradoxe ? L'Intellect est comme tel parfait ; or tout ce qui est parfait chez Plotin doit être producteur, la perfection ne pouvant être privée de génération. L'Intellect doit donc, en raison même de sa perfection, engendrer quelque chose, mais ce dernier présente un statut hybride : en tant que produit *de l'Intellect*, il s'agit d'une réalité indéterminée, illimitée, parfaite qui prolonge la nature de l'Intellect. Mais *en tant que produit*, il s'agit d'une réalité inférieure, d'une *image* (*eikôn*) déterminée et limitée par son principe : « parce qu'il est une image de lui, il lui est inférieur, et pour la même raison il est illimité, même s'il est limité par ce qu'il l'a engendré et qu'il est comme conformé par lui. »[62]

Cela rend compte de la conversion de l'âme vers l'Intellect ; mais l'âme, en tant qu'image de l'Intellect, possède donc des restes de perfection ; et à ce titre

---

61. Plotin, *Ennéade* V, 1 [10], 3, 7, p. 157.
62. Ibid., 7, 40-42, p. 165.

elle ne peut être stérile et doit produire. La question est donc : que produit l'âme, alors même que selon la classification de Porphyre aucune hypostase, donc aucun niveau stable sur le plan existentiel ne saurait procéder de l'âme ? Nous connaissons en partie la réponse : l'âme comme âme du monde est à l'origine de la Nature, elle est *natura naturans*. Mais la nature n'est pas exactement la même chose que la matière puisque la nature est un procès dynamique par lequel les raisons informent la matière, procès qui présuppose la présence d'une matière qui est comme toujours déjà là ; mais dans la logique plotinienne, tout doit être produit ; il faut donc se demander d'où provient la matière. Et nous découvrons là la seconde activité productrice de l'âme, à savoir la production de la matière.

Il faut ici comprendre le contexte et les motifs internes du raisonnement. Le contexte, ce sont les défenseurs du gnosticisme qui, jugeant que la matière est mauvaise, affirment que celle-ci ne peut avoir été produite que par un mauvais principe que l'on nommera selon les auteurs « mauvais démiurge », « dieu méchant », voire

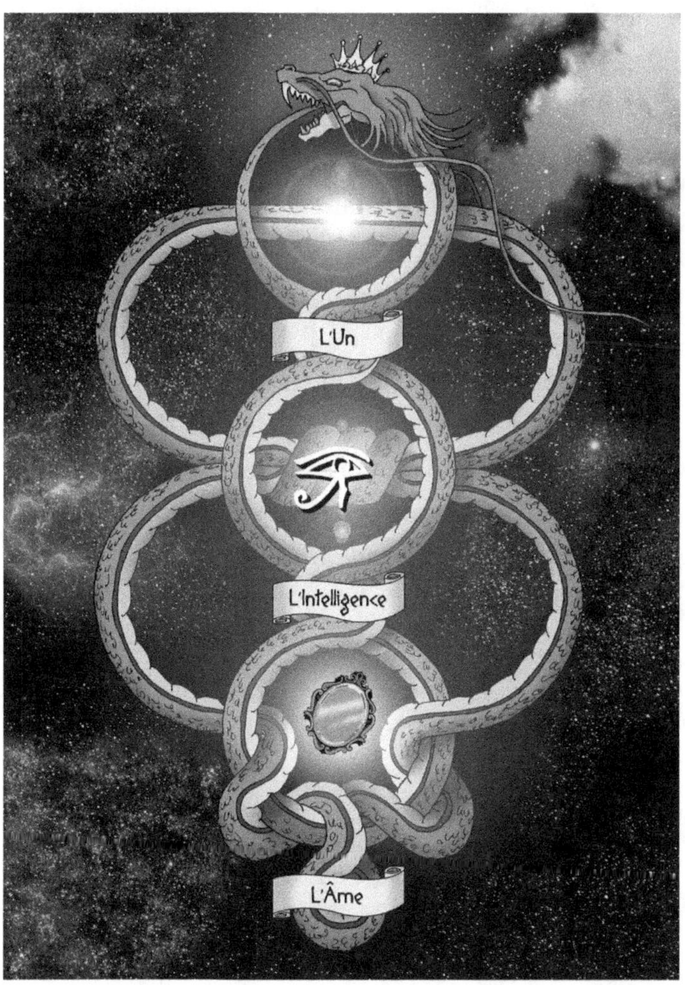

L'Un
L'Intelligence
L'Âme

Yahvé dans les approches marcionites pour lesquelles Yahvé comme Dieu créateur est un mauvais Dieu que vient contrer le Dieu d'amour des textes néotestamentaires. Quelle que soit la version du gnosticisme que l'on retiendra, on aura affaire à un dualisme opposant le principe dont provient le *noûs*, à celui dont procède la matière, dualisme créant une sorte de scission irréductible au cœur même de l'être puisqu'introduisant au fond *deux Intellects*, donc scindant la seconde hypostase[63]. C'est exactement cela que Plotin compte réfuter, car, en vertu de son continuisme, il ne peut que s'opposer frontalement à toute forme de dualisme afin de rendre pensable la continuité s'établissant de l'Un à la matière. Le Traité 33, tourné contre les gnostiques, vise à refuser pour des raisons de fond le gnosticisme, ce qui suppose d'ailleurs de refuser toute forme de condamnation du monde en vertu de la continuité

---

63. Cf. *Ennéade* II, 9 [33], 2, 1-4 : « Par conséquent, parmi les principes de là-bas, il ne faut pas ajouter d'autres réalités, ni faire de distinctions superflues que ces réalités n'admettent pas. Au contraire, il faut poser un seul et même Intellect, qui reste identique à soi, qui ne s'incline en aucune direction et qui imite son père autant qu'il lui est possible ».

même de la procession qui interdit de voir dans le monde matériel un élément mauvais :

« Il ne faut pas non plus concéder que notre monde a une origine mauvaise sous prétexte qu'il existe en lui beaucoup de choses pénibles. Car c'est là le jugement de gens qui font trop grand cas du monde, dans la mesure où ils jugent que notre monde est identique au monde intelligible, alors qu'il en est l'image[64]. »

Jouant sur le terrain du gnosticisme, Plotin les prend à rebours en ceci qu'il voit dans leur réflexion une forme d'aliénation intellectuelle au monde qui, au lieu d'apprendre à voir ce dont le monde est le reflet ou l'image, les y enferme en vertu de la croyance selon laquelle le monde serait l'intelligible lui-même ou, pour le dire autrement, le réel serait la réalité. Or, dans la logique même de la procession plotinienne, l'Intellect produit l'âme qui produit à son tour la matière, de sorte que le monde matériel est une image

---

64. Plotin, *Ennéade* II, 9 [33], 4, 22-26, p. 207.

transitive – par la transitivité de l'âme – de l'Intellect. Et Plotin d'ajouter : « Quelle autre image pourrait-il y avoir de l'intelligible qui soit plus belle ?[65] »

Cela étant dit, qu'il ne faille pas condamner la matière ou le monde matériel n'explique pas pour quelle raison celle-ci procède de l'âme ni pour quel motif cette dernière produit nécessairement quelque chose en deçà d'elle-même. Pour rendre compte de cette procession, il faut se projeter au cœur même de la notion de production ou de génération telle que l'élabore Plotin ; ce dernier, cherchant à penser la scission qu'implique toute géné-ration entre le producteur et le produit, entre le géniteur et le généré, emploie le terme crucial de *tolma* qui, en grec, signifie « audace » ou « hardiesse ». Dans le cas de l'âme comme hypostase, cette audace consiste à vouloir conquérir son autonomie, son indépendance à l'égard du principe, de telle sorte qu'elle fait du mouvement dont elle est le principe un levier pour s'affranchir de son origine propre – donc de l'Intellect.

---

65. *Ibid.*, 4, 26-27, p. 207.

Ici se dessine un schéma complexe où le procès de l'âme procède clairement de sa volonté : elle ne *subit pas de l'extérieur* la situation qui est désormais la sienne. Procédant de l'intelligible qui est divin, elle est elle-même de nature divine, au moins en partie, et ne saurait donc être privée de volonté, c'est-à-dire de nécessité la poussant à être elle-même : « puisqu'elle est le dieu de dernier rang, c'est par une libre inclinaison, et pour exercer sa puissance et mettre en ordre ce qui vient après elle qu'elle vient ici[66]. »

L'animation de la matière par l'âme ne doit donc en aucun cas être conçue comme une déchéance injuste et subie : elle est le produit d'une *volonté* de la part de l'âme qui est ainsi amenée à s'autonomiser et, ce faisant, à bouleverser l'ordre ontologique en scindant le principe – les réalités intelligibles – de ce qu'il a généré – l'âme. Il s'agit alors d'un problème *éthique* au sens où ce procès relève d'un *comportement volontaire* ambigu : au sens strict, *cette volonté n'est pas un choix, mais un mouvement*

---

66. Plotin, *Ennéade* IV, 8 [6], 5, 26-27, p. 248.

non contraint. Autrement dit, l'âme ne subit pas cette descente, mais elle ne choisit pas non plus cette dernière. La rupture et la scission ne sont donc volontaires qu'en un sens très restreint, celui d'une nécessité ontologique qui ne contraint toutefois pas le mouvement de l'extérieur. Il faut ici préciser le sens du propos et, à l'image de ce que nous évoquions en introduction, rappeler cette évidence que les Grecs ne sont pas prisonniers du paradigme individualiste ce qui leur permet de comprendre qu'une volonté libre n'est pas de l'ordre du choix individuel, mais relève bien plutôt de la conformité à la nature propre d'une réalité. Pour le dire très clairement, l'affranchissement volontaire de l'âme à l'égard de l'intellect procède de sa volonté sans être un choix[67] « puisque le volontaire est justement compris dans la nécessité[68] ». Cela se comprend aisément pour peu que l'on prenne conscience du fait que la nécessité désigne chez Plotin la nature même des choses : *est nécessaire ce qui découle de la nature d'une entité*. Quant à

---

67. Sur cette délicate question, cf. Denis O'Brien, « Le volontaire et la nécessité : réflexions sur la descente de l'âme dans la philosophie de Plotin », *Revue philosophique de la France et de l'Étranger* 167.4 (1977), p. 401–422.
68. Plotin, Ennéade IV, 8 [6], 5, 2-3, p. 247.

la volonté, elle n'est pas une faculté, mais *ce qui n'est pas contraint par un élément extérieur* ; dans ces conditions, est volontaire ce qui s'effectue conformément à la nature d'une chose ; or s'effectuer conformément à la nature d'une chose est une réalisation nécessaire, donc le volontaire est compris dans la nécessité. De ce fait, *dire que l'âme s'affranchit volontairement de l'Intellect, c'est dire qu'il appartient à la nature même de l'âme que de s'autonomiser en tant qu'hypostase – en tant que fondement existentiel autonome – et de produire un monde matériel qu'elle organise.* En s'autonomisant, elle agit conformément à sa nature, donc ne subit aucune contrainte extérieure à celle-ci et agit donc selon une volonté libre puisque non contrainte, quoique nécessitée par sa nature propre. Bref, et pour le dire avec Plotin, « il est nécessaire en vertu d'une loi éternelle de la nature qu'elle subisse et produise ces réalités inférieures [...][69]. »

Mais cela ne suffit pas, car si l'on comprend la nécessité pour l'âme de s'affranchir de l'Intellect,

---

69. *Ibid.*, 5, 11-12, p. 247.

encore faut-il déterminer la raison pour laquelle cet affranchissement prend la forme d'une production de matière. Certes, son lien avec la perfection contribue à répondre à cette interrogation en ce qu'il rappelle que toute entité parfaite doit être productrice ; mais cela ne suffit pas à rendre compte de l'entièreté du problème. Raisonnons alors par l'absurde et demandons-nous ce que signifierait l'absence de matière pour l'âme, ce qui revient à se demander quel sens aurait un monde qui n'aurait d'existence qu'intelligible. Cela signifierait d'abord que l'âme ne se distinguerait pas de l'Intellect, qu'elle perdrait sa réalité propre puisque, comme lui, elle contemplerait l'intelligible ; or, dans le schéma processuel de Plotin, l'existence de l'âme comme réalité autonome est nécessaire, donc volontaire. Une fois autonomisée, l'âme a besoin d'exercer sa perfection, mais elle ne peut l'exercer sur les réalités intelligibles : elle doit donc *nécessairement* se donner un substrat non intelligible sur lequel elle pourrait exercer sa propre activité intelligible dont elle garde l'image en vertu de son origine. En d'autres termes, la matière est ce que l'âme se donne à elle-même pour objectiver sa puissance propre. En somme, *sans matière, la puissance propre de l'âme ne pourrait être actualisée* :

« l'âme elle-même aurait ignoré les choses qu'elle possède, puisqu'elles ne seraient même pas sorties pour se manifester. Car l'acte révèle partout la puissance qui sans lui demeurerait totalement cachée, comme inapparente, et inexistante puisqu'elle n'aurait jamais d'existence réelle[70]. »

d) Paradoxes plotiniens

Cette première approche nous a permis de déterminer la *nature* de l'âme : provenant des réalités intelligibles, elle en conserve la nature. Au sens strict, c'est-à-dire par son principe, *l'âme est donc bel et bien une réalité intelligible* et, à ce titre, elle est dotée d'une volonté qui n'est pas le synonyme d'un choix, mais plutôt le signe d'une nécessité interne, à savoir être conforme à sa propre nature, ce qui la conduit à s'affranchir de sa propre origine. Le paradoxe est que l'exercice de sa volonté qui l'amène à être au plus proche de sa nature

---

70. *Ibid.*, 5, 32-36, p. 248.

l'éloigne de sa nature ; son audace (*tolma*) l'éloigne de sa propre nature, la scinde vis-à-vis d'elle-même et l'ouvre à l'altérité, c'est-à-dire l'ouvre à ce qui n'est pas intelligible, donc la relie aux réalités matérielles et sensibles. Par conséquent, l'âme est cette réalité divine qui a *perdu son unité : sa dilection ne coïncide plus avec son origine*, alors même que seule son origine rend compte de cet écart, si bien que ce vers quoi elle se dirige ne correspond pas avec sa nature. Réalité éclatée, elle est scindée entre sa partie supérieure qui lui rappelle son origine, et sa partie inférieure, audacieuse, qui l'aliène aux réalités matérielles qu'elle a produites. Et plus elle est audacieuse dans sa volonté de s'affranchir, *ce qui est le cœur même de sa nature d'hypostase héritée de l'Intellect*, plus elle descend dans la matière « par son désir de ce qui est inférieur[71] ».

Mais, comme tout est continuiste chez Plotin, cette ouverture à l'altérité inscrite dans l'audace même de l'âme est en partie comblée par les *logoï* puisque la

---

71. Plotin, *Ennéade* V, 2 [11], 1, 27, p. 218.

matière est immédiatement informée par l'expression rationnelle des intelligibles, des Formes. De ce fait apparaît un double paradoxe dans le rapport de l'âme à la matière : d'une part, c'est parce que l'âme est de nature divine et est apparentée à l'Intellect qu'elle peut s'en éloigner puisqu'elle dispose, en vertu de sa nature divine et hypostatique, d'une volonté audacieuse qui l'amène à recherche son autonomie, si bien que la production de la matière est l'expression paradoxale de la nature divine de l'âme ; d'autre part – et c'est le second paradoxe –, la matière produite par l'âme, qui semble exprimer une vive altérité à l'endroit du divin, est en même temps destinée à recevoir l'intelligible via les raisons, via les semences, si bien que l'âme comble la béance qu'elle a ouverte, assurant ainsi la continuité des choses, et diffusant dans la matière informe la forme lui permettant de devenir un corps.

Par ce biais se comprend que la matière n'est, par elle-même, rien de déterminé ; elle n'est jamais que privation – *stéresis* – et ne saurait avoir de contenu précis. Elle n'est jamais que le réceptacle des raisons

exprimant les intelligibles, ce qui revient à dire que *la matière a deux définitions* : elle est d'abord substrat, elle est ensuite privation ; substrat parce qu'elle est destinée à recevoir les raisons afin de former des corps, mais privation parce que, par elle-même, elle n'est rien de déterminé, elle n'est pas une réalité fondamentale, elle n'est pas une hypostase[72].

Ainsi l'âme produit-elle la matière pour deux raisons : d'abord parce qu'elle doit nécessairement exercer sa puissance sur quelque chose qui n'est pas intelligible, la matière étant donc ce substrat chaotique totalement dénué d'intelligibilité, ensuite parce qu'elle doit connaître sa propre pensée, ce qui revient à dire qu'en organisant la matière de manière intelligible via les raisons elle connaît médiatement ce qu'elle possède. Se distinguent dès lors deux éléments : la *matière*, élément brut, substrat produit par l'âme, et les *corps*, produits organisés de la matière par l'âme et à cet égard intelligibles. Étant organisé, le corps – et

---

72. Cf. Plotin, *Ennéade* II, 4 [12], 14, *passim*.

non la matière – constitue dès lors la manifestation immédiate et objectivée de l'âme ; or, cette dernière est intelligible par nature. Donc les corps sont une voie d'accès transitive aux réalités intelligibles et le monde, non pas comme entité matérielle, mais comme entité corporelle organisée, constitue un moyen pour l'âme de retrouver son origine intelligible bien que l'Intellect ne connaisse pas les corps.

Chapitre IV :
vivre et sentir en plotinien

Comprendre Plotin, ainsi qu'y invite Plotin, consiste d'abord à assimiler le sens d'un certain nombre de concepts qu'il convient de définir ; mais rien ne serait plus abstrait que d'en rester là et de ne pas donner à sentir ce dont il s'agit dans une vie empirique, car ce serait produire une exposition condamnée à rester extérieure au sujet qui la découvre. Nous ambitionnons donc, dans ce dernier chapitre, non pas de développer de nouveaux concepts, mais bien plutôt d'aborder l'aspect existentiel et empirique du plotinisme dans la manière de vivre qu'elle implique. À cet égard, nous irions presque jusqu'à dire que, comme de nombreuses philosophies antiques, voire modernes, la pensée de Plotin se *sent* avant de se comprendre ; elle s'*éprouve* avant de se théoriser bien que, cette manière de sentir ayant été perdue, il soit devenu nécessaire de commencer par une approche théorique. Mais il ne faut pas oublier que la dimension pratique de la philosophie de Plotin a été placée en premier par Porphyre – tel est l'objet de la première Ennéade –, et que cela semble indiquer l'évidence même de son contenu, progressivement justifiée et fortifiée par une ontologie et une noétique. Nous sommes, nous, condamnés à parcourir le chemin inverse, sous peine de quoi l'éthique plotinienne et sa manière apparentée de sentir le monde paraîtrait particulièrement gratuite.

1) Du mal au mauvais ou de la matière au regard sur la matière

Il convient de toujours garder présente à l'esprit la condamnation par Plotin du gnosticisme et, partant, le refus profond de lester la matière d'une intrinsèque négativité. Plotin ne se désole pas de la présence de la matière et en fait même un produit de l'âme dans laquelle peuvent être répandues les raisons par lesquelles se forment les corps. De ce fait, le corps n'est pas non plus condamné puisqu'il est l'objectivation même des raisons en tant qu'images développées ou explicitées des Formes[73].

Rien ne serait donc plus faux que de faire du néoplatonisme en sa version plotinienne le lieu d'un rejet des corps et de la matière ou d'une condamnation unilatérale du monde et de ce qu'il implique. Toutefois, comme Plotin est le penseur de la subtilité, encore faut-il comprendre que, si la matière et les corps ne sont pas mauvais par eux-mêmes — ce sans quoi Plotin retomberait dans le gnosticisme —, ils doivent en revanche faire l'objet d'un certain regard qui, précisément, *ne les réduise pas à ce qu'ils semblent être*. Autrement dit, *la matière et les corps* changent de sens selon le regard qu'on leur accorde, et si l'on ne voit dans la matière que de la matière ou dans les corps que des corps constitués de matière alors ils

---

73. Jean Derrida a ainsi pu dater du néoplatonisme l'apparition d'une authentique réflexion sur le corps prise dans un va-et-vient avec l'âme. Cf. Jean Derrida, *La naissance du corps (Plotin, Protius, Damascius)*, Paris, Galilée, 2010.

deviennent piégeux et aliènent l'âme à son propre produit. Si, en revanche, matière et corps matériels apparaissent au regard comme l'*occasion* d'en sonder l'origine et le principe, alors ils peuvent servir à l'âme de moyen pour s'élever vers la réalité fondamentale.

Nous retrouvons ici l'importance du reflet et du modèle qui constitue en fin de compte la description d'un certain *regard* par lequel chaque chose, en particulier corporelle, doit être regardée comme l'image ou la copie d'un modèle supérieur et non comme une individualité autosuffisante et exclusivement matérielle. Le principe général se trouve énoncé à plusieurs reprises, et notamment dans le Traité 31 à la faveur d'une interprétation de la production du monde par le Démiurge dans le *Timée* de Platon : « il [Platon] souhaitait montrer combien la beauté du modèle est réjouissante. Toutes les fois que l'on admire une chose faite d'après une autre, l'admiration porte en fait sur celle d'après laquelle la première a été produite[74]. »

---

74. *Ennéade* V, 8 [31], 8, 9 13, p. 102-103.

En termes conceptuels, ce regard invitant à voir en chaque chose plus qu'elle-même ou, plus exactement, son origine, s'appelle *conversion*. À cet égard, la conversion de l'âme désigne concrètement une manière que cette dernière a de regarder le monde, de se retrouver en lui, donc de se tourner vers elle-même, et de remonter à la réalité même du réel, aux intelligibles, à l'Intellect et à l'Un par union mystique. « Les traités, écrit fort justement Pierre Hadot, sont des exercices spirituels dans lesquels l'âme se sculpte elle-même, c'est-à-dire se purifie, se simplifie, s'élève au plan de la pensée pure avant de se transcender dans l'extase[75]. »

Là contre, ce que l'on peut appeler le vice ne saurait être imputé qu'à la faiblesse de l'âme, incapable de se convertir et se laissant aller à la dispersion du monde, n'y voyant somme toute qu'une multitude de réalités autosuffisantes et désirables *par elles-mêmes* ; or, adopter pareil regard, c'est tomber dans un certain

---

75. Pierre Hadot, *Plotin ou la simplicité du regard*, Paris, Gallimard, coll. Folio-essais, 1997, p. 21.

oubli ou dans une certaine occultation, à savoir l'oubli de l'*origine* même des corps matériels, et donc l'oubli de la chaîne de l'être qui, se distribuant dans l'âme, puis dans la matière, diffuse une certaine continuité au cœur même d'une altérité. À cet égard, se laisser séduire par le monde, c'est oublier que ce dernier est une *altérité* relative à l'être, et c'est donc oublier que le monde n'a de sens que relationnellement au profit d'une espèce de réification de celui-ci. Plotin insiste à plusieurs reprises sur le fait que, si le mal est en effet le non-être, il ne l'est pas au sens du néant, mais au sens logique de la négation, à savoir au sens où le non-être *n'*est *pas* l'être :

« Le non-être n'est cependant pas ici le non-être total, mais seulement ce qui est autre chose que l'être. [...]. Ce non-être, c'est la totalité du sensible, ainsi que toutes les affections qui y sont relatives [...][76]. »

---

76. Plotin, *Ennéade* I, 8 [51], 3, 6-10, p. 41.

Le non-être n'est donc pas néant et la négation n'est pas contrariété, mais altérité à l'égard de la réalité. Toutefois, le non-être – et donc le mal – n'est pas mauvais en soi, sinon cela reviendrait à condamner par principe toute matière et tout corps, ce que toute l'ontologie plotinienne interdit de pratiquer ; la difficulté est alors considérable, car elle consiste à élucider la possibilité que le mal comme non-être ne soit pourtant pas absolument mauvais ; autrement dit, la matière *est* le mal au sens du non-être, c'est-à-dire que la matière est bel et bien la privation de l'être et donc du Bien – le Bien étant ici à entendre au sens de l'absolument désirable –, mais, dans l'absolu, elle n'est pas mauvaise en ceci qu'il n'y a pas à la condamner par principe. Pour le dire encore autrement, si la matière est le mal, cela ne suffit pas à le condamner, car elle ne devient véritablement mauvaise qu'à la faveur d'un regard : *le regard sur la matière, donc sur le mal en tant que non-être, est proprement le lieu du problème éthique en ceci que le regard vicieux est celui qui oublie le fait que la matière est non-être.* En d'autres termes, le vice n'est jamais que la transformation par le regard du non-être en être, donc n'est jamais que l'absolutisation d'un élément relatif, occultation qui advient lorsque la partie rationnelle de l'âme se trouve comme troublée et séduite par la matière comme telle au point qu'« elle se trouve empêchée de *voir* parce qu'elle est affectée [...][77]. » En somme, Plotin cherche à dire que, sans matière, la notion même de mal n'aurait aucun sens en ceci que la matière *est* le mal, bien que la *malice du mal n'émerge qu'à la faveur d'un regard ne voyant dans la matière que la matière* – au lieu d'y voir le non-être et donc l'autre de l'être.

Enfin, la raison pour laquelle le regard de l'âme devient vicieux s'explique par la faiblesse de cette dernière cessant de lutter contre ce qu'il y a de plus bas en elle ; les affections et les sensations la submergent, et elle ne produit plus l'effort de s'en distinguer par un exercice rationnel : « en réalité, nous accomplissons de mauvaises actions parce que nous cédons aux parties les pires, tout comme en matière de sensation, le sens

---

77. *Ibid.*, 4, 18, p. 44. Nous soulignons.

commun peut percevoir quelque chose de faux avant que la raison n'ait conduit son examen [...][78]. » La matière *est* donc le mal en tant que non-être, en tant que privation d'être donc de Bien, mais l'action ne devient éthiquement mauvaise qu'à la faveur d'un regard de l'âme sur cette même matière qui occulte l'origine de celle-ci ; une telle occultation ou un tel oubli s'explique par une certaine faiblesse de l'âme qui, renonçant à sa partie supérieure, renonçant au raisonnement, se laisse submerger par sa partie végétative et sensible, laquelle submerge l'exercice de la raison.

Ainsi se comprend du même geste le fait que les dieux, qui disposent d'un corps et donc d'une composante matérielle puissent être certes corporels – et donc vivants – sans jamais être mauvais ; là se sent de manière directe la différence entre le mal et le fait de mal agir, car mal agir consiste d'abord en une faiblesse de l'âme à l'endroit de la matière, donc à une absence de vertu conçue comme force. Là contre, les dieux disposent d'une âme

---

78. *Ennéade* I, 1 [53], 9, 10 11, p. 195.

vertueuse, c'est-à-dire forte, qui les prémunit contre toute faiblesse à l'endroit de la composition matérielle de leur corps, et Plotin peut conclure aisément en ces termes :

« Bien que la matière soit présente dans les dieux sensibles, il n'y a pas de mal en eux : il n'y a pas en eux ce vice que l'on trouve chez les hommes […][79]. »

Remarquons enfin que l'Intellect n'est jamais concerné par le vice, et est strictement « infaillible[80] ».

2) Subjectivité et ipséité

Le précédent paragraphe invite à penser *qui* exactement est en mesure d'adopter un certain regard sur le monde et, partant, soit de tomber dans le vice, soit de se convertir et de remonter via la pensée rationnelle vers la réalité. En somme, il s'agit ici d'identifier aussi bien le sujet de la conversion que son *identité*. Ces deux

---

79. Plotin, *Ennéade* I, 8 [51], 5, 30-32, p. 46.
80. Plotin, *Ennéade* I, 1 [53], 9, 13, p. 195. Cf. pour aller plus loin sur ce sujet, Jean Trouillard, « L'impeccabilité de l'esprit selon Plotin », in *Revue de l'histoire des religions*, tome 143, n° 1, 1953, p. 19-29.

questions sont celles de la subjectivité, d'une part, et de l'ipséité d'autre part. Pour ce qui concerne la subjectivité, il serait tentant de dire que l'âme est le principe même du sujet, que l'âme individuelle *est* la subjectivité et est donc le sujet de la pensée rationnelle autant que des affections. En toute rigueur, c'est bien l'âme qui pense, qui anime la pensée, mais qui est aussi support des affections et des sensations.

Que ce soit l'âme qui pense soulève d'ailleurs une vive difficulté, car la partie supérieure de l'âme est certes rationnelle mais donc cantonnée à une approche discursive ou *développée* des intelligibles ; autrement dit, *l'âme rationnelle ne se rapporte aux intelligibles que sous l'aspect du* logos, développe à leur sujet un discours, mais au sens strict *ce discours n'est pas parfaitement conforme à ce dont il est le discours* ; la discursion de l'âme rationnelle présente dans le déploiement même de la langue une réalité qui, comme telle, n'est pas étendue et n'est donc pas développée. En somme, *le langage ordinaire n'est pas en mesure de dire l'être* et si l'âme en sa partie rationnelle nous y conduit, elle ne parvient pas à le *dire*, car l'être ne peut justement être dit. Il convient ici de mesurer ce que nous avons abondamment mentionné dans les précédents chapitres, à savoir le fait que toute *dianoia*, toute connaissance discursive sollicitant le *logos* institue un *écart* avec l'objet pensé et ne saurait être le dernier mot de la pensée ; par conséquent, *la connaissance que l'Intellect peut avoir de lui-même en tant qu'intellection des intelligibles est intuitive, directe, immédiate*, tandis que la pensée rationnelle de l'âme introduit, entre elle-même et les intelligibles, le *logos* lui-même en tant que discours rationnel. Pour le dire autrement, tant que l'âme raisonne, elle ne saurait intuitionner les intelligibles qui ne se donnent pleinement qu'à l'Intellect dans une intuition de soi ; par conséquent, le seul moyen pour l'âme de disposer d'une authentique *noésis* des intelligibles est de s'unir à l'Intellect pour connaître l'être *de l'intérieur et sans distance*, ce qui implique que l'union de l'âme à son principe – l'Intellect – relève déjà d'une certaine forme d'union spirituelle.

Tout le problème est alors de déterminer si dans pareille union se dilue l'identité personnelle, ce qui suppose de résoudre le rapport de l'âme à l'ipséité. On a là une question extrêmement compliquée qui ne peut être qu'effleurée et signalée. L'ipséité qui renvoie à l'identité personnelle interroge la question classique de l'individuation, à savoir la raison pour laquelle il existe des individualités, distinctes les unes des autres. Plotin pose la question à plusieurs reprises, notamment dans le décisif Traité 27 et s'interroge en ces termes :

« Mais comment y aura-t-il encore une âme qui est la tienne, une âme qui est celle de cet individu-ci, et une âme qui est celle d'un autre[81] ? »

C'est une question redoutable dont la formulation indique tous les pièges : l'âme n'est pas exactement l'individualité. L'individu comme résultat de l'individuation – donc cet arbre-ci, cet homme-là, cette planète, etc. – engage la raison de l'individuation et soulève de nombreux problèmes. Premièrement, en tant que réalité fondamentale, en tant qu'hypostase, il

---

81. *Ennéade* IV, 3 [27], 5, 1 2, p. 69.

n'y a qu'une âme et l'on peine à comprendre comment on peut individuer à partir d'une âme unique. En outre, puisque tout l'effort de Plotin consiste à remonter à l'intelligible après avoir montré que la matière était une espèce de produit indéterminé, d'altérité de l'être privée par elle-même de Formes quoiqu'informée par les raisons, il en découle qu'il est impossible de faire de la matière le principe de l'individuation. Autrement dit, ni l'âme qui, prise en tant que réalité fondamentale, est unique, ni la matière, ne peuvent rendre raison de l'individuation. Il convient donc de raisonner et de restituer la logique du plotinisme pour comprendre à quel niveau se joue cette dernière.

Assurément, la logique du plotinisme conduit à penser que l'individuation est immédiatement déterminée par la diffusion des raisons, lesquelles sont porteuses de l'intelligible ; il faudrait donc, en toute rigueur, considérer que ce sont les raisons qui individuent et en même temps se rappeler que les raisons ne sont jamais que le développement des intelligibles ; par conséquent, il faudrait en déduire que si individuation il y a, ce ne peut être qu'au niveau de ces derniers. C'est là la thèse de l'entièreté du Traité 18, mais aussi du Traité 28 où, dans le chapitre 5, Plotin explique ce que signifie se rapporter à soi et se « posséder soi-même » : au fond, me connaître moi-même ou « se rapporter à soi », c'est retrouver les raisons qui ont informé la matière, raisons qui traduisent elles-mêmes des intelligibles ; de ce fait, le soi ne peut se jouer qu'au niveau de l'être et n'avoir véritablement de sens qu'au niveau de la structure fondamentale du réel – donc au niveau de la réalité. D'où le Traité 18 qui se demande s'il existe des formes des êtres individuels et qui y répond favorablement : « si moi-même et chacun de nous, nous pouvons remonter jusqu'à l'intelligible, alors le principe de chacun est également là-haut[82]. » À cet égard, en s'unissant à l'Intellect, l'âme ne dilue pas l'identité personnelle, mais la découvre paradoxalement à sa source.

Mais n'oublions jamais la subtilité plotinienne. Une partie de son génie consiste à comprendre que

---

82. Plotin, *Ennéade* V, 7 [18], 1, 2-3, p. 409.

la question de l'individuation possède en réalité deux significations, car elle engage d'un côté ce dont on provient, le principe dont on est issu et dont on garde la trace, mais elle engage de l'autre la question de l'autonomie, donc de l'affranchissement. Si, en effet il existe une Forme des individus – appelons-le « individualité » –, alors elle relève de l'Intellect, donc de la seconde hypostase et s'affranchira de ce dernier de toute nécessité. Ainsi l'affranchissement – c'est-à-dire l'individuation effective – se déduit du principe dont on provient, si bien que l'autonomie découle de l'origine avec laquelle elle rompt, ce qui revient à dire, comme pour le rapport de l'âme à l'endroit de l'Intellect, que la rupture est incluse dans la continuité. Là est toute l'ambiguïté de l'individuation qui, tout à la fois, n'a de sens qu'à la faveur d'un Moi intelligible et qui, en même temps, ne s'individue effectivement que dans une singularisation qui occulte son fondement ontologique.

3) La beauté du beau

Incomplète serait une approche de Plotin esquivant la difficile question de la beauté et de la laideur qui connut une remarquable postérité tant dans le monde médiéval que renaissant[83], voire dans le renouveau de l'histoire de l'art au XXe siècle[84].

Afin de bien comprendre ce qui va suivre, il convient de se rappeler un détail du précédent chapitre, voulant que le Bien se définisse comme le suprêmement désirable ; or, en vertu du système de Plotin, une seule hypostase peut correspondre au Bien, à savoir l'Un, en tant que « réalité » suprême de même nature que le Bien ; le Traité 33 affirme d'ailleurs cette évidence que « chaque fois que nous parlons de l'"Un" et que nous parlons du "Bien", il faut penser à cette nature et il faut la déclarer "une"[85]. » L'Un en tant que Bien constitue donc le suprêmement désirable et « c'est assurément

---

83. Pour une première approche, nous renvoyons à Carole Talon-Hugon, *Une histoire personnelle et philosophique des arts*, tome II, *Moyen Âge et Renaissance*, Paris, PUF, 2014, en particulier le chapitre 2 : « Plotin et l'expérience esthétique ».
84. Voir par exemple l'importance que lui confère Erwin Panofsky dans *Idea*, cf. Erwin Panofsky, *Idea. Contribution à l'histoire du concept de l'ancienne théorie de l'art*, traduction Henri Joly, Paris, Gallimard, coll. Tel, 2003, notamment les pp. 41-48.
85. Plotin, *Ennéade* II, 9 [33], 1, 5-6, p. 201.

dans le Bien que se trouve ce que "l'âme poursuit" ; et ce qui fournit la lumière à l'Intellect, la moindre trace de lui, en se manifestant, suscite le mouvement[86]. » Or, de l'Un nous avons amplement montré pour quelle raison nous ne pouvions rien dire ; de ce fait, l'Un ne peut être associé au Bien que sous une perspective qui ne lui appartient pas réellement, qui est celle du désir, et qui est donc sans aucun doute celle de l'âme ; pour le dire autrement, *il semble que c'est au regard de l'âme que l'Un peut être dit Bien*, et que pour l'âme, l'Intellect lui-même, qui provient de l'Un, cherche à connaître l'Un parce que, pour lui aussi, ce dernier est suprêmement désirable – et tout désir de l'Intellect est désir noétique ; en somme, l'âme peut affirmer de l'Intellect qu'il se rapporte à l'Un comme au Bien et que, faisant de l'Un son objet, il peut adopter à son tour la forme du Bien. En somme, l'Un « n'intellige rien, puisqu'il n'a rien d'autre à intelliger. En outre, l'Intellect est quelque chose d'autre que le Bien. Il prend en effet la forme du Bien, par le fait qu'il intellige le Bien[87]. »

---

86. Plotin, *Ennéade* VI, 7 [38], 23, 1-2, p. 79.
87. Plotin, *Ennéade* V, 6 [24], 4, 4-6, p. 113.

Naturellement, une telle affirmation peut surprendre en ceci que, étant au-delà de tout être et donc de toute forme, l'Un ne possède aucune forme – ce sans quoi il relèverait de la seconde hypostase ; de ce fait, *il ne peut y avoir de forme du Bien que pour l'Intellect* qui le saisit comme tel lorsqu'il tente de s'y rapporter, ce qui signifie que l'Un est saisi comme Bien dans la seule optique de la conversion puisque chaque réalité qui tente de revenir à la première hypostase ne se rapporte à celle-ci qu'en tant qu'elle est désirable et qu'elle est donc le Bien suprême. Nous pouvons donc fixer ce premier résultat : *dans l'optique de la conversion, l'Un prend le nom de Bien*, ce qu'il n'est pas par lui-même car, sans cela, l'Un se désirerait lui-même et ne serait plus lui-même.

Une fois posé cela se révèle le lien avec notre propos : si toute réalité se tourne par désir vers le suprêmement désirable, c'est donc que toute réalité procède d'une manière ou d'une autre de l'Un et leur désir universel à l'endroit de ce dernier en est le signe ; par conséquent, « il faut poser le Bien comme ce à quoi toutes choses sont suspendues, alors que lui n'est suspendu à rien[88]. » Mais tirons-en la conséquence immédiate : si toute chose est suspendue à l'Un, si « toutes choses viennent de lui[89] » alors toute chose exprime à son niveau le rayonnement de ce dernier et peut être perçue comme *belle,* la beauté étant le signe effectif du fait de relever d'une manière ou d'une autre de l'Un. La Beauté doit donc être conçue comme l'éclat de l'origine en toutes choses selon des modalités différenciées, et c'est là l'objet du Traité 38 décisif quant aux questions liées à la Beauté[90].

On comprend donc que toute chose est belle en tant que toute chose procède de l'Un, et que la beauté de chaque niveau d'être est l'éclat que lui confère le niveau supérieur, c'est-à-dire le principe. Pour le dire autrement, le beau et le désirable sont la même chose et renvoient au principe de chaque réalité ; ainsi, la

---

88. Plotin, *Ennéade* I, 7 [54], 1, 21-22, p. 246.
89. Plotin, *Ennéade* VI, 7 [38], 23, 4-5, p. 79.
90. Le commentaire de ce traité par Pierre Hadot nous semble indispensable ; cf. Plotin, *Traité 38*, édition de Pierre Hadot, Paris, Cerf, 1987, rééd. LGF, 1999.

matière qui est comme telle informe et privée de tout désire-t-elle la Forme, c'est-à-dire la corporéité, et c'est par la corporéité en tant que Forme qu'elle est belle, tandis que le corps, déjà informé, désire retrouver le principe diffusant les raisons informantes, en l'occurrence l'âme, et c'est donc par l'âme que le corps est beau. Quant à cette dernière, issue de l'Intellect, elle désire ce dernier et c'est donc la force lui permettant de le retrouver – la vertu – qui est belle. Enfin, l'Intellect désire l'Un et n'est beau que par la forme du Bien qu'il connaît[91]. Par conséquent, la beauté de chaque chose est expression de l'Un en elle, mais aussi désir à l'endroit de ce dernier qui, graduellement, s'accomplit d'abord par le désir du principe immédiatement supérieur.

Tirons-en deux conséquences. La première tient à ceci qu'il existe des choses que l'on peut dire « laides », mais rien ne saurait être *absolument* laid, car une laideur absolue serait une absence *totale* de Forme, donc une sorte de matière qui n'aurait reçu aucune information, situation impossible qu'évacue Plotin

---

91. Tout ce développement est explicité par Plotin en *Ennéade* VI, 7 [38], chap. 25, *passim*.

dans le Traité 54 en précisant bien que toutes choses procèdent de l'Un – y compris la matière –, car même les choses dépourvues d'âme sont justement tournées vers cette dernière qui elle-même est tournée vers l'Intellect si elle est vertueuse, qui lui-même se rapporte à l'Un ; de ce fait, « chacune possède quelque chose du Bien, car chacune est "une" d'une certaine manière, tout comme elle "est" d'une certaine manière. Chacune participe également encore à une forme[92]. » Mais si une laideur absolue s'avère impossible, une laideur *relative* est fort bien pensable dès lors que l'on aurait affaire à un corps qui, quoiqu'informé, dispose d'une matière occultant la forme ; « quant à la laideur, écrit Plotin, c'est la matière non dominée par une forme[93] ». Qu'est-ce à dire ? Non pas qu'il y aurait des corps sans Formes – cela serait contradictoire puisqu'un corps se définit comme de la matière informée via les raisons –, mais que les corps que l'on peut dire laids sont ceux en qui ne se reconnaît pas la Forme structurante. En

----

92. Plotin, *Ennéade* I, 7 [54], 2, 2-4, p. 246.
93. Plotin, *Ennéade* I, 8 [51], 5, 23, p. 46.

définitive *est laid le corps dont la manifestation s'écarte matériellement de la corporéité qui l'informe.*

Il en va de même pour les réalités non corporelles ; ainsi une âme peut-elle être dite laide pourvu qu'elle s'écarte de son principe, à savoir de l'Intellect ; or, s'écarter de son principe, c'est adopter le regard que nous avons précédemment décrit et se laisser séduire par la matière en tant que matière tout en se laissant affecter par les multiples affections de l'âme. L'« âme laide[94] » est donc l'âme faible qui s'écarte d'elle-même – et donc de son principe – et se laisse couler vers « des objets de pensée mortels et bas[95] » par faiblesse. La laideur de l'âme n'est donc jamais que la faiblesse de cette dernière l'écartant de sa réalité propre – c'est-à-dire de l'Intellect qui lui confère son éclat.

La seconde conséquence tient à ceci que la beauté n'est donc plus tant affaire de structure mathématique – la proportion – que d'éclat ou de

---

94. Plotin, *Ennéade* I, 6 [1], 5, 26, p. 73.
95. *Ibid.*

resplendissement du principe dont procède la réalité à laquelle on a affaire. La belle proportion grecque perd ainsi son privilège esthétique au profit de ce que Plotin appelle les « objets éclatants[96] » qui expriment l'adéquation à leur propre nature – donc à leur principe, raison pour laquelle le principe est la source même de leur beauté. De là une esthétique du lumineux et de l'éclair plus que de la structure harmonieuse qui se soutient du jaillissement même de la Forme à même la matière et dont la Renaissance saura tirer le plus grand parti ; songeons ainsi à Michel-Ange et à cette volonté de faire saillir le corps hors de la matière comme s'il s'agissait d'extraire d'indiquer le processus d'information de la matière et de formation des corps exhibant le principe intelligible d'où procèdent les raisons[97].

---

96. *Ibid.*, 9, 2, p. 78.

97. Sur la source plotinienne de l'Art renaissant, cf. Erwin Panofsky, *Essais d'iconologie*, traduction Claude Herbette et Bernard Teyssedre, Paris, Gallimard, 1967, en particulier les chapitres V et VI, ainsi que Thibaut Gress, *L'œil et l'intelligible*, tome II, *Essai sur le sens philosophique de la forme en peinture*, Paris, Kimé, 2015, notamment pp. 239-250 et 461-500.

Conclusion :
le continuisme de Plotin
et la Volonté de l'Un

Comprendre Plotin implique donc un double effort, intellectuel et sensible. Il s'agit certes de déterminer le sens de concepts, mais aussi de sentir que le monde tel qu'il nous apparaît exprime bien plus que lui-même et constitue même une invitation à la conversion de l'âme vers l'Intellect. Si je ne vois pas dans un chêne majestueux l'éclat merveilleux de sa Forme, je passe à côté du sens du monde et m'écarte de la réalité même de toutes choses.

Ces dernières s'insèrent dans un schéma perpétuellement dynamique et toujours en mouvement où, à partir de l'Un, s'engendre une série de réalités qui aspirent de manière fonctionnelle à retrouver leur origine. En effet, si l'Un se cause en quelque sorte lui-même – bien que ce soit déjà trop en dire –, puis cause l'Intellect qui cause l'âme qui cause la matière et les formes corporelles organisées via les raisons, alors s'établit une sorte de chaîne de l'être qui n'aspire finalement qu'à une chose, se tourner vers l'Origine suprême et suprêmement désirable, à savoir l'Un conçu comme Bien. Toute cette série constitue une procession, c'est-à-dire un déploiement de l'Un qui manifeste par ce bouquet ontologique et matériel sa surabondance, son excès à l'endroit de lui-même, par lesquels il donne étrangement ce qu'il n'a pas. L'Un est cette réalité qui se déborde elle-même et hors de laquelle procèdent des êtres en série qui se situent à des niveaux différenciés et qui aspirent à se convertir par palier vers leur unique origine.

L'ontologie de Plotin est, pour la raison mentionnée, profondément *continuiste* : de l'Un à la matière, il n'y a pas de ruptures ni de sauts, mais une série d'engendrements de réalités qui, en raison de leur perfection même, se débordent elles-mêmes, se font productrices et se transmettent de proche en proche jusqu'à la matière. Les réalités ne sont plus séparées les unes des autres, mais se prolongent les unes les autres, chacune étant l'effet de la perfection de la réalité supérieure.

Il est alors possible de ressaisir l'ensemble de ce que nous avons analysé à nouveaux frais : le mouvement hors de l'Un, appelé procession (*proodos*), répond à la nécessité même de la nature des entités parfaites. Il appartient à la nature de celles-ci de transmettre hors d'elles-mêmes leur propre perfection, l'autarcie semblant donc contraire à l'idée même de perfection. C'est ainsi que de l'Un *procède* l'Intellect, niveau des réalités intelligibles et de la pensée qui, à son tour, se déborde lui-même en causant l'âme, qui engendre la matière et les corps. Tout cela est comme une diffusion par cercles concentriques de l'Un, lequel produit un certain nombre d'effets de plus en plus indirects, mais qui permettent néanmoins de donner une image de plus en plus approximative de ce dernier.

Néanmoins, la procession ne saurait être pensée de manière isolée : s'il appartient à la nature des réalités parfaites de se diffuser hors d'elles-mêmes, il appartient à la fonction des êtres engendrés de retrouver leur origine, de remonter à la source d'où ils procèdent. Cette conversion inscrite dans la nature même de toutes choses invite à apporter une ultime précision : *l'Intellect n'est véritablement l'Intellect que lorsqu'il se tourne vers l'Un, de même que l'âme n'est véritablement l'âme que lorsqu'elle se tourne vers l'Intellect.* Les réalités dérivées n'actualisent leur être qu'en se tournant par conversion vers leur source : une âme non pensante demeure ainsi une âme en puissance tout comme un corps s'éloignant de l'âme sombrerait dans la laideur informe. Et nous pouvons peut-être même, en vertu du Traité 30, aller jusqu'à dire qu'un corps n'est qu'un corps que s'il est naturel, et donc que s'il contemple l'âme du monde par laquelle il remontera, de proche en proche, jusqu'à l'Un.

Il faut donc se représenter le plotinisme comme une *ontologie dynamique* où les réalités s'engendrent de toute éternité, s'éloignent les unes des autres par procession et se rapprochent les unes des autres par conversion : il y a un *battement* du monde chez Plotin, un *rythme* par lequel les réalités s'étendent et se contractent – ce ne sont là que des métaphores spatiales et non des descriptions rigoureuses –, se diffusent et reviennent à leur origine. Cela est très perceptible pour nous, humains, lorsque nous examinons notre comportement : nous pouvons en effet parfois nous disperser en étant attiré par la multiplicité de la matière, auquel cas l'âme par faiblesse se trouve comme aimantée par la dispersion matérielle, mais nous pouvons également nous concentrer, c'est-à-dire nous tourner vers nous-mêmes et ainsi nous arracher à la tentation du multiple pour ne plus faire qu'un avec nous-mêmes ; c'est alors que nous pouvons penser, et nous arracher à notre particularité pour remonter à des réalités universelles, éternellement vraies, immuables, et ainsi retrouver l'Intellect. C'est à ce prix-là que l'âme peut être dite belle et que s'établit une évidente complicité entre la beauté et l'intériorité[98].

---

98. « […] pour toi, enlève le superflu, redresse ce qui est tordu et, purifiant tout ce qui est ténébreux, travaille à être resplendissant.

Ce mouvement de va-et-vient hors et vers l'Un s'appelle chez Plotin *vie*[99]. Celle-ci ne désigne en aucun cas la vie biologique, mais renvoie bien plutôt à la pulsation des réalités hors du Premier Principe. La vie est donc ce rayonnement issu de l'Un par lequel les réalités s'engendrent dynamiquement et recherchent la source d'où elles procèdent : ce mouvement vital et vivant se cristallise de manière maximale dans la pensée ; celle-ci est alors le rayonnement de l'Un, sa dynamisation vitale dans laquelle se retrouvent l'altérité, le mouvement et l'infinité. L'Intellect est en effet duel puisque l'intelligé diffère de l'intelligeant, il est mouvement puisqu'il anime la pensée, et il est infini puisqu'éternel et plus grand que tout nombre.

Ne cesse de sculpter ta propre statue jusqu'à ce que brille en toi la splendeur de la vertu et que tu voies la tempérance qui siège sur son "auguste trône" », Plotin, *Ennéade* I, 6 [1], 9, 10-15, p. 79.
99. Cf. sur ce sujet Pierre Hadot, « Être, vie, pensée chez Plotin et avant Plotin », in *Plotin. Porphyre. Études néoplatoniciennes*, Paris, Les Belles Lettres, 1999 ainsi que Benard Collette-Dučić, *Plotin et l'ordonnancement de l'être*, Paris, Vrin, 2007, p. 70-73 [vérifier pagination ?].

« Les niveaux d'intellection sont autant de genres de vie, écrit Joachim Lacrosse, se différenciant en fonction de leur clarté relative. Ces différentes vies, ces différentes intellections, sont des *logoï*, raisons ou expressions qui manifestent dans leur propre registre, le rapport de l'intellect à lui-même[100]. »

C'est ainsi que la vraie vie est d'abord et avant tout intellectuelle, mouvement par lequel la pensée se met en branle et cherche à revenir à son origine primordiale. Tout le plotinisme est là et se condense ici : *il n'y a de pensée que parce qu'il y a perte de l'Un et volonté d'y revenir*. En d'autres termes, si nous, humains, ne nous contentons pas de la vie purement matérielle, ce n'est pas par caprice, mais bien par nostalgie de l'origine pour parler comme Ferdinand Alquié : quelque chose au cœur de notre singularité nous rappelle d'où nous provenons et nous invite à nous détourner des corps matériels pour nous concentrer vers notre âme et remonter vers l'Intellect ; mais *penser ne suffit pas*, la vie intellectuelle n'est pas le dernier mot du plotinisme

---

100. Joachim Lacrosse, *op. cit.*, p. 114.

bien qu'elle en soit l'activité centrale ; *il n'y a de vie intellectuelle que parce qu'il y a volonté de retrouver l'Un*, de telle sorte que chaque niveau d'intellection désigne un niveau de la vie dont le dessein ultime est paradoxalement de nous mener hors de la vie, c'est-à-dire vers l'Un.

Mieux encore : puisque l'Un « veut être lui-même[101] », ou encore que « sa volonté et lui-même ne font qu'un[102] », il est fort à parier que la volonté qui nous anime de nous convertir vers l'Un *soit* la volonté de ce dernier de se saisir lui-même, et que toute la procession que nous avons décrite ne soit jamais que l'effort de l'Origine pour enfin se connaître elle-même.

---

101. Plotin, *Ennéade* VI, 8 [39], 13, 29, p. 227.
102. Ibid., 13, 30, p. 227.

Composition :
L'atelier des glyphes

www.ingramcontent.com/pod-product-compliance
Lightning Source LLC
LaVergne TN
LVHW051156060726
842526LV00014B/3223